Hartmut Aufderstraße

Jutta Müller

Thomas Storz

Delfin

Zeichnungen von Frauke Fährmann

Lehrbuch, Teil 2

Lektionen 11–20

Lehrwerk

für

Deutsch als Fremdsprache

Hueber Verlag

BESTANDTEILE

Lehrbuch
einbändige Ausgabe
inkl. 2 eingelegten CDs
mit Sprechübungen
256 Seiten
ISBN 978–3–19–001601–3

Lehrbuch,
zweibändige Ausgabe
mit eingelegten CDs
Teil 1, Lektionen 1–10
ISBN 978–3–19–091601–6
Teil 2, Lektionen 11–20
ISBN 978–3–19–101601–2

Lehrbuch + Arbeitsbuch
dreibändige Ausgabe
mit eingelegten CDs und
integriertem Arbeitsbuch

Teil 1, Lektionen 1–7
ISBN 978–3–19–401601–9
Teil 2, Lektionen 8–14
ISBN 978–3–19–411601–6
Teil 3, Lektionen 15–20
ISBN 978–3–19–421601–3

Alle Ausgaben sind inhaltsgleich und haben die gleiche Seitenzählung.

Hörverstehen Teil 1,
Lektionen 1–10
4 Kassetten
ISBN 978–3–19–031601–4
4 CDs
ISBN 978–3–19–041601–1

Hörverstehen Teil 2,
Lektionen 11–20
4 Kassetten
ISBN 978–3–19–061601–5
4 CDs
ISBN 978–3–19–071601–2

Arbeitsbuch
ISBN 978–3–19–011601–0

Arbeitsbuch, Lösungen
ISBN 978–3–19–191601–5

Arbeitsbuch,
zweibändige Ausgabe
Teil 1, Lektionen 1–10
ISBN 978–3–19–111601–9
Teil 2, Lektionen 11–20
ISBN 978–3–19–121601–6

Lehrerhandbuch
ISBN 978–3–19–021601–7

CD-ROM
ISBN 978–3–19–051601–8

8.   7.   6.   Die letzten Ziffern
2012   11   10   09   08   bezeichnen Zahl und Jahr des Druckes.
Alle Drucke dieser Auflage können, da unverändert,
nebeneinander benutzt werden.
1. Auflage
© 2002 Hueber Verlag, 85737 Ismaning, Deutschland
Umschlaggestaltung: Peer Koop, Hueber Verlag, Ismaning
Zeichnungen: Frauke Fährmann, Pöcking
Repro: Scan & Art, München
Satz: abc Media-Services, Buchloe
Druck und Bindung: Stürtz GmbH, Würzburg
Printed in Germany
ISBN 978–3–19–101601–2

Liebe Deutschlernerin, lieber Deutschlerner,

warum eigentlich ‚Delfin'? Weil wir Ihnen wünschen, so schwungvoll und voller Energie in die Welt der deutschen Sprache einzutauchen wie ein Delfin ins Wasser! Delfine sind neugierig und lernen schnell, dabei zwanglos und mit Freude. Ebenso sollen Sie stets Spaß am Deutschlernen haben. Wir möchten, dass Sie auf leichtem und direktem Weg ans Ziel kommen. Und dass Sie sich beim Lernen wohl fühlen, denn so erzielen Sie den besten Erfolg.

Damit Sie sich von Anfang an leicht im Lehrwerk orientieren können, haben wir den Aufbau von ‚Delfin' klar strukturiert. Jede Lektion hat einen thematischen Schwerpunkt und besteht aus zehn Seiten, die in fünf Doppelseiten gegliedert sind:

Eintauchen Damit beginnt jede Lektion und macht Sie mit dem jeweiligen Thema und der Grammatik vertraut.

Lesen Hier finden Sie attraktive Lesetexte verschiedenster Textsorten. Dazu Übungen, die Ihnen beim Auffinden und Verstehen der wichtigen Inhalte helfen.

Hören In diesem Schritt begegnen Ihnen alltagsnahe Gesprächssituationen. Mit den begleitenden Übungen können Sie gezielt Ihr Hörverstehen trainieren.
→ Kassetten/CDs Hörverstehen Teil 2

Sprechen Anhand amüsanter Sprechübungen können Sie hier Ihre Aussprache schulen. Außerdem bieten Ihnen modellhafte Dialoge sprachliche Mittel, die Sie selbst in verschiedenen Situationen des Alltags anwenden können.
→ CDs mit den Sprechübungen im Buch

Schreiben Durch Vorlagen gestützt können Sie hier das Schreiben unterschiedlicher Texte üben. Ab Lektion 4 finden Sie zusätzlich jeweils ein kurzes Diktat, das den neu gelernten Wortschatz aufgreift.
→ Kassetten/CDs Hörverstehen Teil 2

Tauchen Sie mit ‚Delfin' gleich ein in die Welt Ihrer neuen Fremdsprache. Schon bald wird sie Ihnen nicht mehr fremd sein. Wir wünschen Ihnen viel Spaß und viel Erfolg beim Deutschlernen mit ‚Delfin'!

Zweibändige Ausgabe Die zweibändige Ausgabe ist inhaltsgleich mit der Einbändigen. Das gilt auch für die Seitenzahlen und Seitenverweise. Die **Grammatik-Übersicht** bezieht sich jeweils auf Delfin, Teil 1 und Delfin, Teil 2. Die **Wortliste** von Teil 2 enthält Eintragungen von Teil 1 und Teil 2.

Ihre Autoren und Ihr Hueber-Verlag

www.hueber.de/delfin/

1. Ergänzen Sie.

Er rasiert ihn.   Er rasiert sich.   Sie schaut sie an.   Sie schaut sich an.

Es versteckt es.   Es versteckt sich.   Sie waschen sie.   Sie waschen sich.

a) Er _____. b) Er _____. c) Sie _____. d) Sie _____.

e) Sie _____ ins Bett. f) Sie _____ ins Bett. g) Er _____. h) Er _____.

fotografiert sich   legen sie   zeichnet sich   kämmt es   legen sich   fotografiert sie   zeichnet ihn   kämmt sich

2. Was passt?

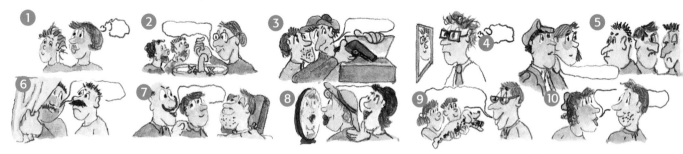

a) **6** Komm, wir verstecken uns!
b) ☐ Ich muss sie unbedingt kämmen.
c) ☐ Du musst dich unbedingt rasieren.
d) ☐ Du musst ihn schnell rasieren.
e) ☐ Ich muss mich unbedingt kämmen.

f) ☐ Komm, wir verstecken sie!
g) ☐ Ihr müsst euch waschen!
h) ☐ Ihr müsst ihn waschen!
i) ☐ Schauen Sie sich doch im Spiegel an!
j) ☐ Schauen Sie sie bitte genau an!

sich waschen

ich wasche **mich**
du wäschst **dich**
er/sie/es/man wäscht **sich**
wir waschen **uns**
ihr wascht **euch**
sie/Sie waschen **sich**

3. Was passt?

a) Die Arbeiter demonstrieren 6.

b) Die Sekretärin schreibt einen Brief ▢.

c) Die Studentin hilft der Schülerin ▢.

d) Der Chef ruft ▢.

e) Die Lehrer nehmen ▢ teil.

f) Der Manager berichtet ▢.

g) Der Patient wartet ▢.

h) Der Kunde schimpft ▢.

i) Der Tourist erkundigt sich ▢.

j) Die Marktfrau handelt ▢.

k) Der Lehrling bereitet sich ▢ vor.

l) Der Student bewirbt sich ▢.

1. mit dem Automechaniker
2. um eine Stelle als Animateur
3. an die Firma „Hansen & CO"
4. mit Obst

5. auf den Arzt
6. für mehr Lohn
7. nach dem Fahrplan
8. auf die Prüfung

9. bei den Hausaufgaben
10. über die Verkaufszahlen
11. an einer Konferenz
12. nach der Sekretärin

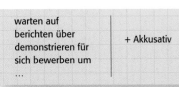

| warten auf berichten über demonstrieren für sich bewerben um … | + Akkusativ |

| helfen bei fragen nach teilnehmen an … | + Dativ |

■ Klassentreffen

Vor 20 Jahren haben sie Abitur gemacht, neun Schülerinnen und zehn Schüler der Klasse 13 b. Damals war alles offen und jeder hatte seine Träume und Pläne für die Zukunft. Die meisten wollten studieren, einige eine Lehre machen und ein paar wollten zunächst einmal ins Ausland gehen. Zum Klassentreffen nach zwanzig Jahren sind fünfzehn gekommen. Vier haben wir gefragt, wie ihr Leben seit dem Abitur verlaufen ist.

Vera Schreiber, 38

Gleich nach dem Abitur konnte ich mich noch nicht für ein bestimmtes Studium entscheiden. Deshalb bin ich erst einmal als Aupairmädchen ins Ausland gegangen. Zuerst war ich bei einer Familie in London und danach noch ein Jahr in Mexico, in Puebla. In dieser Zeit habe ich meine Sprachkenntnisse in Englisch und Spanisch verbessert. Nach zwei Jahren bin ich nach Deutschland zurückgekommen und habe mich entschlossen, Lehrerin zu werden. Also habe ich angefangen, Sprachen zu studieren. Als junge Studentin habe ich meinen Mann kennengelernt. Das war aber nicht an der Uni. Ich hatte Zahnschmerzen und in der Praxis des Doktors hat ein junger Zahnarzt als Urlaubsvertretung gearbeitet. Das war mein Rolf. Ich habe mich sofort in ihn verliebt und wir haben bald geheiratet. Kurz nach meinem ersten Staatsexamen ist unser Sohn auf die Welt gekommen. Weil meine Mutter sich jeden Vormittag um das Kind gekümmert hat, konnte ich mich in Ruhe auf das zweite Staatsexamen vorbereiten. Ich habe dann acht Jahre an einem Gymnasium Englisch und Spanisch unterrichtet. Mit 35 wollte ich noch ein Kind haben. Nach der Geburt unserer Tochter habe ich Erziehungsurlaub genommen. Die Kleine ist jetzt drei und der Große zwölf Jahre alt. In die Schule gehe ich nicht wieder zurück. Ich habe schon vor vielen Jahren angefangen, Kinderbücher zu schreiben. Gestern habe ich einen Brief meines Verlegers bekommen. Ich soll ein großes Märchenbuch für Kinder bearbeiten. Über diesen Auftrag habe ich mich natürlich sehr gefreut.

Jens Zuchgarn, 39

Ich habe immer gedacht, dass ich einmal Arzt werde wie mein Vater und mein Großvater. Nach dem Abitur wollte ich nicht zur Bundeswehr, sondern ich habe mich für den Zivildienst entschieden. Ich habe versucht, eine Zivildienststelle im Krankenhaus zu bekommen, und das hat auch geklappt. Aber bei der Arbeit habe ich gemerkt, dass ich doch nicht für den Beruf des Arztes geboren bin. Ich konnte einfach kein Blut sehen. Ich habe dann Psychologie und Philosophie studiert. Mein Vater hat sich furchtbar über meine Entscheidung geärgert. Er wollte unbedingt, dass ich die Tradition der Familie fortsetze. Um mein Studium zu finanzieren, habe ich in einer Werbeagentur gearbeitet. Das hat mir großen Spaß gemacht und ich habe viele Erfahrungen gesammelt. Nach dem Abschluss des Studiums habe ich mich selbstständig gemacht. Ich habe jetzt eine eigene Werbeagentur. Meine Frau ist Grafikerin und arbeitet mit mir zusammen. In zwei Monaten bekommen wir unser erstes

Kind. Wir wissen schon, dass es ein Mädchen wird. Auch meine Eltern freuen sich sehr auf ihr erstes Enkelkind. Und mein Vater ist inzwischen sogar ein bisschen stolz auf mich.

Claudia von Bornfeld, 37

Nach dem Abitur habe ich ein Stipendium bekommen, weil ich gute Noten hatte. Das hat mir sehr geholfen, weil meine Eltern kein Geld hatten, mir das Jurastudium zu finanzieren. Und so musste ich neben dem Studium auch nicht arbeiten und konnte nach zehn Semestern mein erstes Staatsexamen machen. Da hatte ich auch schon das Ziel, in die Wirtschaft zu gehen. Richterin oder Rechtsanwältin wollte ich nicht werden. Am meisten habe ich mich für internationales Handelsrecht interessiert. Nach dem zweiten Staatsexamen war ich Assistentin an der Universität und habe meinen Doktor gemacht. Dann habe ich mich bei der Deutschen Bank beworben und hatte sofort Glück: Ich habe eine Stelle in der Auslandsabteilung bekommen. Mein Beruf und meine Karriere sind sehr, sehr wichtig für mich. Ich reise viel, beruflich und privat; deshalb habe ich in der ganzen Welt gute Bekannte. Der größte Wunsch meiner Eltern ist es, ein Enkelkind zu haben. Aber zu meinem Leben passt kein Kind und auch kein Ehemann. Welcher Mann akzeptiert schon, dass er immer an zweiter Stelle steht. Zurzeit bin ich mit einem Kollegen zusammen, aber jeder von uns hat seine eigene Wohnung und das soll auch so bleiben.

Richard Schmidt, 38

Meine Abiturnoten waren nicht so toll. Aber das war mir egal, weil ich sowieso nicht studieren wollte. Seit meiner Kindheit war klar, dass ich einmal das kleine Hotel meines Onkels bekommen sollte, weil er keine Kinder hatte. Deshalb habe ich nach der Bundeswehr eine Lehre als Koch gemacht und anschließend eine Hotelfachschule besucht. Danach habe ich bei meinem Onkel gearbeitet. Wir hatten viel vor: die Zahl der Zimmer zu vergrößern, die Einrichtung der Küche komplett zu erneuern, einen Aufzug und eine Sauna einzubauen und das Restaurant neu einzurichten. Aber dann hatten wir Pech: Im Zentrum unseres Ortes hat ein Konzern ein großes Hotel mit 150 Betten gebaut. Diese Konkurrenz hat uns kaputt gemacht. Bald konnte mein Onkel die Kredite der Banken nicht mehr bezahlen und musste verkaufen. Danach habe ich ein Restaurant übernommen, aber das war nur für kurze Zeit. Ich habe da zu viele Fehler gemacht, weil ich noch wenig Erfahrung hatte. Den Traum, mich selbstständig zu machen, habe ich danach aufgegeben. Vor acht Jahren habe ich mich dann bei einer Steak-House-Kette beworben. Heute bin ich Geschäftsführer einer Filiale. Mit meinem Beruf bin ich jetzt ganz zufrieden. Am meisten Spaß macht mir aber mein Hobby. Jede freie Minute bin ich auf dem Flugplatz bei meinem Oldtimer-Flugzeug, um daran zu basteln oder damit zu fliegen.

4. Was passt?

a) Vera Schreiber
   3 ▪ ▪ ▪

b) Jens Zuchgarn
   ▪ ▪ ▪ ▪

c) Claudia von Bornfeld
   ▪ ▪ ▪ ▪

d) Richard Schmidt
   ▪ ▪ ▪ ▪

1. wollte eigentlich Medizin studieren.
2. hat ihr Studium durch ein Stipendium finanziert.
3. ist gleich nach dem Abitur im Ausland gewesen.
4. hat kein gutes Abitur gemacht.
5. hat nach dem zweiten Staatsexamen ihren Doktor gemacht.
6. hat neben dem Studium in einer Werbeagentur gearbeitet.
7. hat nicht studiert.
8. hat nach dem zweiten Staatsexamen Sprachen unterrichtet.
9. ist nur kurze Zeit selbstständig gewesen.
10. ist heute selbstständig.
11. findet ihre Karriere wichtiger als eine eigene Familie.
12. hat sich in einen jungen Zahnarzt verliebt.
13. arbeitet mit seiner Frau zusammen.
14. hat eine Stelle als Geschäftsführer gefunden.
15. ist beruflich oft im Ausland.
16. hat sich entschlossen, ihren Beruf aufzugeben.

5. Was ist richtig? ✗

a) Vera Schreiber ...
   ▪ hat ihren Mann im Büro des Rechtsanwalts kennengelernt.
   ▪ hat ihren Mann in der Praxis des Zahnarztes kennengelernt.
   ▪ hat ihren Mann im Haus des Verlegers kennengelernt.

b) Jens Zuchgarn ...
   ▪ hat sich nach dem Abschluss des Studiums selbstständig gemacht.
   ▪ hat sich nach dem Abschluss der Lehre selbstständig gemacht.
   ▪ hat sich nach dem Abschluss des Zivildienstes selbstständig gemacht.

c) Claudia von Bornfeld:
   ▪ Der größte Wunsch ihrer Eltern ist es, ein Enkelkind zu haben.
   ▪ Der größte Wunsch ihrer Eltern ist es, dass sie heiratet.
   ▪ Der größte Wunsch ihrer Eltern ist es, dass sie ihren Beruf aufgibt.

d) Richard Schmidt ...
   ▪ ist heute Chef eines Konzerns.
   ▪ ist heute Geschäftsführer einer Filiale.
   ▪ ist heute Manager eines Hotels.

Nominativ		Genitiv
der Doktor	die Praxis	**des** Doktors/eines Doktors
die Familie	die Tradition	**der** Familie/einer Familie
das Studium	der Abschluss	**des** Studiums/eines Studiums
die Banken	die Kredite	**der** Banken/**von** Banken

Zeitangaben
vor vielen Jahren
nach dem Abitur
seit meiner Kindheit
in zwei Monaten
für kurze Zeit

6. Das Schulsystem in Deutschland – eine Fernsehdiskussion

Richtig (**r**) oder falsch (**f**)?

a) ☐ Alle Kinder ab 4 Jahren müssen eine Vorschule besuchen.

b) ☐ Mit 6 Jahren beginnt die Schulpflicht und alle Kinder müssen die Grundschule besuchen.

c) ☐ Nach der Grundschule kann man zwischen verschiedenen Sekundarschulen wählen.

d) ☐ Die Sekundarschulen unterscheiden sich in der Länge des Schulbesuchs.

e) ☐ Hauptschüler verlassen die Schule nach der 9. Klasse.

f) ☐ Bis zum Realschulabschluss braucht man 10 Jahre.

g) ☐ Nach dem Abschlusszeugnis der Realschule kann man nicht auf das Gymnasium gehen.

h) ☐ Alle Schüler mit Abiturzeugnis müssen zuerst eine Lehre machen.

i) ☐ Nicht alle Schüler mit Abitur gehen auf die Universität oder Hochschule.

7. Klasse 10b vor dem Realschulabschluss

a) Was sagt der Reporter am Anfang? Was passt?

a) Guten Morgen, **2**

b) Wir besuchen heute ☐

c) Es sind nur noch wenige Wochen ☐

d) Wir haben uns schon mit einigen ☐

e) Wir wollen die Schulabgänger ☐

1. die Klasse 10b der Uhland-Realschule.

2. liebe Hörerinnen und Hörer.

3. nach ihren Zukunftsplänen fragen.

4. bis zum Ende des Schuljahres.

5. Schülern und Schülerinnen bekannt gemacht.

b) Ergänzen Sie die Namen: *Kira, Carsten, Ulf, Lisa.*

_Kira_____ hat schon eine Lehrstelle gefunden.

_____ möchte später zur Polizei gehen.

_____ will später nur noch halbtags arbeiten.

_____ hat sich um eine Lehrstelle als Automechaniker bemüht.

_____ wollte eigentlich eine Ausbildung als Fotografin machen.

_____ interessiert sich nur für Musik.

_____ unterhält sich gern mit Menschen.

_____ will gar keine Lehrstelle haben.

_____ geht noch drei Jahre aufs Gymnasium, um Abitur zu machen.

_____ freut sich auf das Ende der Schulzeit.

_____ hat sich sehr über die Zusage des Salons gefreut.

_____ hat sich über die meisten Antworten sehr geärgert.

_____ soll zuerst eine Lehre machen.

_____ sagt, dass der Reporter wie seine Eltern redet.

Er freut sich **auf** das Ende der Schulzeit.
Sie freut sich **über** die Zusage des Salons.

8. Drei Frauen und ihr Beruf.

a) Ergänzen Sie die Sätze.

Helga Schneider, 27, Kellnerin,
- will nicht mehr in der Küche
  mithelfen, weil sie **3**
- beklagt sich darüber, dass die
  Gäste ▨
- wartet darauf, dass sie ▨
- möchte am liebsten die Stelle
  wechseln, weil der Geschäftsführer ▨

Susanne Balzer, 29, Dachdeckerin,
- hat gerade die Meisterprüfung
  gemacht und erzählt, dass ihr
  Freund ▨
- ist sehr zufrieden damit, dass sie
  ▨
- beklagt sich darüber, dass so viele
  junge Leute arbeitslos sind, aber
  dass sie ▨
- findet es lustig, dass ein alter
  Mitschüler ▨

Martina Harms, 28, Fernfahrerin,
- freut sich darauf, dass sie ▨
- hat morgen eigentlich ein
  Tennisspiel und findet es schade,
  dass sie ▨
- regt sich darüber auf, dass einige
  Kollegen ▨
- hat einen Freund und erzählt,
  dass sie ▨

1. jetzt ihre eigene Chefin ist.
2. dummes Zeug über sie reden.
3. sich dafür nicht interessiert.
4. sich bei ihr um eine Stelle beworben hat.
5. sich zu sehr für sie interessiert.
6. über alles mit ihm reden kann.

7. am Wochenende freihat.
8. trotzdem keinen Lehrling finden kann.
9. immer weniger Trinkgeld geben.
10. daran nicht teilnehmen kann.
11. endlich mehr Gehalt bekommt.
12. ihr sehr dabei geholfen hat.

b) Welche Antwort ist richtig? **✗**

Worauf bereitet Helga Schneider
sich vor?
- ▨ Auf die Meisterprüfung.
- ✗ Auf die Führerscheinprüfung.
- ▨ Auf den Realschulabschluss.

Von wem hat Susanne Balzer die
Firma übernommen?
- ▨ Von ihrem Bruder.
- ▨ Von ihrem Onkel.
- ▨ Von ihrem Vater.

Um wen muss Martina Harms sich
kümmern?
- ▨ Um ihre kranke Mutter.
- ▨ Um ihren kranken Bruder.
- ▨ Um ihre kranke Tochter.

Auf wen wartet Helga Schneider?
- ▨ Auf ihren Freund.
- ▨ Auf ihren Chef.
- ▨ Auf ihren Mann.

Worüber freut sich Susanne Balzer?
- ▨ Dass ihre Firma viele Aufträge
  hat.
- ▨ Dass sie so viele Freunde hat.
- ▨ Dass sie so wenig Arbeit hat.

Wovor hat Martina Harms Angst?
- ▨ Dass sie keine Aufträge mehr
  bekommt.
- ▨ Dass ihr Freund ihre Arbeit nicht
  akzeptiert.
- ▨ Dass sie ihre Stelle aufgeben
  muss.

| **Worüber** regt sie sich auf? | **Darüber.** |
| **Über wen** regt sie sich auf? | **Über ihn.** |

9. Sprechen Sie nach.

Die Tante singt, der Onkel springt,
der Junge trinkt, der Enkel winkt.
Die Tante springt, der Onkel singt,
der Junge winkt, der Enkel trinkt.

Die Tante winkt, der Onkel trinkt,
der Junge singt, der Enkel springt.
Die Tante sinkt, der Onkel sinkt,
die Sonne sinkt, der Junge winkt.

10. Sprechen Sie nach und ergänzen Sie „nk" oder „ng".

a) Er steht am Eingang und wi___t la___sam.

b) Sie de___t an die Einladu___, denn sie braucht noch ein Gesche___.

c) Die la___e Schla___e liegt im Schra___ und ihre Augen fu___eln.

d) Der Ju___e ist kra___, deshalb hat er keinen Hu___er.

e) Sie machen die Vorhä___e zu und fa___en an, Ta___o zu tanzen.

f) Er hat angefa___en, am Fluss zu a___eln, und hat viele Fische gefa___en.

11. Sprechen Sie nach und ergänzen Sie.

Der Wagen ihre̱s Vaters ist schnell.
Die Hose ihre___ Bruder___ ist hell.
Die Pferde ihre___ Tante sind grau.
Das Mofa ihre___ Freundes ist blau.

Die Pizza seine___ Schwester ist heiß.
Die Hüte seine___ Onkel___ sind weiß.
Die Haare seine___ Mutter sind rot.
Die Freundin seine___ Bruder___ fährt Boot.

12. Sprechen Sie nach und ergänzen Sie.

Er sitzt auf dem Boden des _____
und isst den Rest seines Brotes.

Er sieht den Sprung eines _____
und winkt mit dem Bein eines Tisches.

Sie springt vom Rand des _____
ins kalte Wasser des Baches.

Sie steigt vom Rücken des _____
und wärmt sich am Feuer des Herdes.

Die Bratwurst im Mund des _____
hat fast das Gewicht eines Pfundes.

Man sieht den Beginn eines _____
am blauen Ufer des Flusses.

Kusses   Bootes   Hundes   Daches   Pferdes   Fisches

● Hallo, Gerd, das ist ja eine Überraschung! Arbeitest du jetzt hier?

■ Ja, ich habe mir eine neue Stelle gesucht. Jetzt bin ich schon seit vier Monaten hier.

● Hat dir dein alter Arbeitsplatz denn nicht mehr gefallen?

■ Na ja, weißt du, ich habe dort viel zu wenig verdient. Ich konnte mir ja nicht einmal ein Auto leisten. Außerdem habe ich mich überhaupt nicht mit dem Chef verstanden.

● Ja, ich erinnere mich, dass du dich immer über ihn geärgert hast. – Und wie hast du diese Stelle gefunden?

■ Durch eine Anzeige in der Zeitung. Ich habe mich beworben und sie wollten mich sofort einstellen.

● Da hast du aber Glück gehabt.

■ Ja, das stimmt. Ich verdiene mehr, kann viel selbstständiger arbeiten und die Kollegen sind auch sehr nett. Ich fühle mich hier richtig wohl.

● Das kann ich mir vorstellen. Mehr kann man sich eigentlich nicht wünschen.

■ Da hast du Recht. – So, was kann ich für dich tun?

13. Variieren Sie das Gespräch.

In der alten Firma:

> sich nicht mit den Kollegen verstehen
> sich dauernd mit dem Chef streiten
> nicht selbstständig arbeiten können
> nicht genug verdienen
> einen weiten Weg zur Arbeit haben
> keine Aufstiegsmöglichkeiten haben
> sich nur eine kleine Wohnung leisten können

In der neuen Firma:

> sich gut mit der Chefin verstehen
> mehr Verantwortung haben
> ein gutes Gehalt bekommen
> Kolleginnen und Kollegen: sympathisch
> Aufstiegsmöglichkeiten: ausgezeichnet
> Abteilungsleiter werden können
> sich eine große Wohnung leisten können

Dativ					
Ich wünsche	**mir**		Wir wünschen	**uns**	
Du wünschst	**dir**	ein Auto.	Ihr wünscht	**euch**	ein Auto.
Er/sie/es wünscht	**sich**		sie/Sie wünschen	**sich**	

14. Hören Sie zu und schreiben Sie.

_____ _____ _____ _____ _____ _____ _____ Freundin. __ ____ _____ __
Hausaufgaben _____. Schnell _____ _____ _____ . _____ ____ ____ blondes
_____ _____ _____. _____ Schülerin _____ _____ _____ _____ __, ____ __
_____ _____ _____. Endlich _____ _____ _____ _____ _____ _____ .

15. Eine steile Karriere

Ergänzen Sie den Lebenslauf von Werner Hellmann.

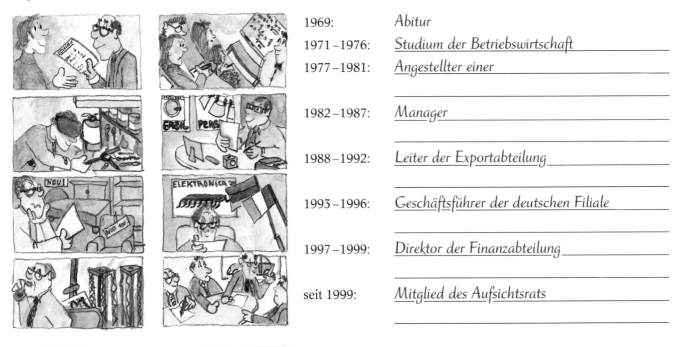

1969:	Abitur
1971–1976:	Studium der Betriebswirtschaft
1977–1981:	Angestellter einer
1982–1987:	Manager
1988–1992:	Leiter der Exportabteilung
1993–1996:	Geschäftsführer der deutschen Filiale
1997–1999:	Direktor der Finanzabteilung
seit 1999:	Mitglied des Aufsichtsrats

einer mittelgroßen Werkzeugmaschinenfabrik
eines bekannten Waschmittelherstellers
einer norddeutschen Möbelfirma
eines französischen Elektronikunternehmens
eines internationalen Ölkonzerns
eines großen deutschen Automobilunternehmens

der Direktor des/eines	großen Konzerns
der Leiter der/einer	kleinen Firma
der Manager des/eines	bekannten Unternehmens
die Direktoren der	großen Konzerne
die Direktoren	großer Konzerne

16. Ein ungewöhnlicher Lebenslauf

Ergänzen Sie den Text.

a) Am 29. Februar des Jahres 1968 ist Tim Töpfer als Sohn des Bäckermeisters Friedrich Töpfer und seiner Frau Helma geb. Wissmann in Pinneberg in der Nähe von Hamburg geboren.

b) Zunächst hat er die Grundschule in Pinneberg besucht und ist dann in Hamburg _____ gekommen.
Nur ein Jahr vor dem Abitur hat er _____ aufgehört und sich einen Job gesucht.

c) Zuerst hat er für wenig Lohn als Tankwart _____ gearbeitet, weil er sich schon immer _____ interessiert hat.

d) Dann ist er zwei Jahre lang _____ auf einem Containerschiff gefahren.

e) 1989 hat er mit seinem Motorrad _____ teilgenommen, konnte die Fahrt aber nicht zu Ende machen, weil der Motor kaputtgegangen ist.

f) Weil ihm Afrika gefallen hat, ist er dort geblieben und hat eineinhalb Jahre _____ gearbeitet.

g) 1991 ist er mit einer Menge afrikanischer Waren im Gepäck nach Deutschland zurückgekehrt und hat sich in Berlin _____ selbstständig gemacht.

h) Nach drei Jahren hat er das Geschäft aufgegeben. Von 1994 bis 1998 hat er dann als freier Journalist für eine Tageszeitung _____ berichtet.

i) Anfang 1999 hat er sich _____ entschlossen.
Ein halbes Jahr ist er durch Venezuela, Ecuador und Bolivien gereist.
In Bogotá hat er sich _____ verliebt und seine Reise unterbrochen.

j) Zurzeit lebt er mit ihr in einem Dorf in den Anden und beschäftigt sich damit, ein Buch _____ zu schreiben.

über seine	zu einer
mit der	auf ein
für eine	als
in eine	für
an der	über
bei einer	mit einem

junge Frau	große Ölfirma
Tankstelle	Seemann
Sportveranstaltungen	Gymnasium
Reiseerlebnisse	Souvenirladen
Schule	Rallye Paris-Dakar
Reise durch Südamerika	Autos und Motorräder

1. Welche Schlagzeilen passen zu den Bildern?

☐ Manager des Fußballvereins kochte beim Sommerfest 600 Liter Gulaschsuppe.

☐ Händler auf dem Kölner Flohmarkt verkaufte Original von Picasso für 50 Euro.

☐ Fünfjähriger spielte erfolgreich beim Turnier des Schachclubs mit.

☐ Putzfrau fand 8000 Dollar in einer Plastiktüte.

☐ Bekanntes Fotomodell heiratete in Seebruck unter Wasser.

☐ Vater vergaß seine Kinder auf einer Autobahnraststätte.

☐ 80-jähriger Rentner fuhr beim Frankfurter Radrennen mit.

☐ Die Temperatur stieg in Helsinki auf 42 Grad.

2. Was ist passiert? Ergänzen Sie die Verben im Perfekt.

a) „Beim Sommerfest hat der Manager des Fußballvereins 600 Liter Gulaschsuppe __gekocht__."

b) „Auf dem Kölner Flohmarkt hat ein Händler ein Original von Picasso für 50 Euro _____."

c) „Beim Turnier des Schachclubs hat ein Fünfjähriger erfolgreich _____."

d) „In Seebruck hat ein bekanntes Fotomodell unter Wasser _____."

e) „In einer Plastiktüte hat eine Putzfrau 8000 Dollar _____."

f) „Auf einer Autobahnraststätte hat ein Vater seine Kinder _____."

g) „Beim Frankfurter Radrennen ist ein 80-jähriger Rentner _____."

h) „In Helsinki ist die Temperatur auf 42 Grad _____."

geheiratet gestiegen

mitgefahren

mitgespielt

verkauft

gefunden vergessen

	Präteritum	Perfekt
kochen	kochte	hat gekocht
verkaufen	verkaufte	hat verkauft
mitspielen	spielte mit	hat mitgespielt
heiraten	heiratete	hat geheiratet

	Präteritum	Perfekt
finden	fand	hat gefunden
vergessen	vergaß	hat vergessen
mitfahren	fuhr mit	ist mitgefahren
steigen	stieg	ist gestiegen

3. Nie mehr Pilze aus dem Wald

a) Lesen Sie den Zeitungstext.

Im Bayerischen Wald machte eine Familie mit drei Kindern Urlaub. Bei einer Wanderung fanden sie viele Pilze und sammelten eine ganze Plastiktüte voll. In der Ferienwohnung gab es dann Reis mit Pilzsoße.

Das Essen schmeckte auch den Kindern gut. Doch dann bekam die kleine Tamara Bauchweh. Wenig später fühlten sich die Geschwister nicht wohl. Und schließlich hatten die Eltern Bauchschmerzen.

Die Mutter rief den Notdienst an. Man brachte die ganze Familie mit Pilzvergiftung ins Krankenhaus. Aber sie hatten Glück. Alle durften schon nach zwei Tagen wieder nach Hause. „Wir sind froh, dass man uns so schnell geholfen hat", sagte uns die Mutter. „Pilze gibt es bei uns nur noch aus der Dose!"

b) Wie heißen die Verbformen im Text?

Eine Familie *macht* Urlaub   *machte* _____

Sie *finden* viele Pilze.   _____

Sie *sammeln* eine ganze Tüte voll.   _____

Es *gibt* Reis mit Pilzsoße.   _____

Das Essen *schmeckt* gut.   _____

Tamara *bekommt* Bauchweh.   _____

Die Geschwister *fühlen* sich nicht wohl.   _____

Die Eltern *haben* auch Bauchschmerzen.   _____

Die Mutter *ruft* den Notdienst an.   _____

Man *bringt* alle ins Krankenhaus.   _____

Sie *dürfen* nach zwei Tagen nach Hause.   _____

Die Mutter *sagt:* „Pilze gibt es nur noch   _ _____

aus der Dose!"

4. Ein Baum bringt Glück

a) Lesen Sie die Zusammenfassung.

Franz K. will einen Baum pflanzen.
Er gräbt ein Loch.
Er stößt auf eine Metalldose.
Er macht die Metalldose auf.
Er sieht, dass Ringe, Halsketten, Münzen und eine Uhr darin liegen.
Auf der Rückseite der Uhr steht der Name seines Urgroßvaters.
Er hat nicht gewusst, dass es den Schmuck noch gibt.
Das berichtet Herr K. den Zeitungsreportern.

b) Ergänzen Sie den Text mit den Verben im Präteritum.

Im Garten vor seinem Haus _____ der Bankkaufmann Franz K. einen Baum pflanzen. Er _____ ein tiefes Loch und _____ dabei auf eine kleine Metalldose. Als er sie vorsichtig _____ , _____ er, dass Ringe, Halsketten, Münzen und eine goldene Uhr darin _____ . Auf der Rückseite der Uhr _____ der Name des Urgroßvaters. „Meine Familie wohnt seit Generationen hier. Aber ich _____ nicht, dass es den schönen alten Schmuck noch _____," _____ uns Herr K. „Ich habe auch unseren Nachbarn empfohlen, mehr Bäume zu setzen. Es lohnt sich: so oder so."

	Präsens	Präteritum
machen	macht	mach**te**
aufmachen	macht auf	mach**te** auf
wollen	will	**wollte**
wissen	weiß	**wusste**

	Präsens	Präteritum
geben	gibt	**gab**
anrufen	ruft an	**rief** an
liegen	liegt	**lag**
stehen	steht	**stand**

aufmachte   berichtete   wollte
stieß   wusste   stand
grub
lagen   gab   sah

Ein glücklicher Pechvogel

Die einen nennen ihn einen Pechvogel, die anderen sagen, er ist ein Glückspilz. Ständig erlebt Peter Ertl, 35, Unfälle und Pannen. Aber immer hat er Glück im Unglück.

Wir treffen Peter Ertl in seinem Garten. Er weiß, dass wir von der Zeitung kommen und einen Artikel über ihn schreiben möchten, weil er überall als Pechvogel bekannt ist. Gerade ist er dabei, ein Baumhaus für seine Kinder zu bauen. „Einen Augenblick! Gleich bin ich unten bei Ihnen," ruft er von oben und winkt fröhlich. Er hält sich an einem Ast fest, aber der Ast bricht ab und Peter Ertl fällt auf den Rasen, direkt vor unsere Füße. Doch gleich steht er wieder auf und lacht: „Nichts passiert!" Das ist – wieder einmal – gut gegangen.

Während wir zusammen ins Haus gehen, beginnt er von seinen Erlebnissen zu erzählen.

Eines Morgens reparierte er im Keller eine Wasserleitung. Als er eine Zange aus dem Werkzeugkasten nahm, stieß er mit der Schulter gegen ein altes Holzregal. Es fiel um und Herr Ertl lag darunter zwischen kaputten Marmeladengläsern. Seine linke Hand blutete und er rief seine Frau. Während sie ihm die Finger verband, sah er, dass die Stromleitung hinter dem Regal ganz schwarz war. Aber die wollte er dann nicht selbst reparieren, sondern rief einen Elektriker. Der meinte: „Das Kabel war ja total defekt. Hinter einem Holzregal ist das eine sehr gefährliche Sache. Sie haben Glück, dass es noch nicht gebrannt hat!"

Zwei Tage später kehrte Herr Ertl mit einem großen Besen den Platz vor seiner Garage. Dabei rutschte er auf den nassen Blättern aus und fiel mit dem Rücken gegen das Garagentor. Er bekam blaue Flecken und hatte tagelang Rückenschmerzen. Doch auch dieser Unfall hatte einen Vorteil: Normalerweise klemmte das Garagentor, wenn man es öffnen wollte. Nach Peters Sturz ging es wieder ohne Probleme auf und zu.

Nur kurze Zeit danach passierte ihm das nächste Missgeschick. Eines Nachmittags stieg er nach der Gartenarbeit in sein Auto, um in die Stadt zu fahren. Im Wagen wollte er seine Schuhe wechseln. Als er sich nach vorn beugte, blieb sein Kopf im Lenkrad stecken. Es war ihm unmöglich, sich zu befreien. Deshalb rief er laut um Hilfe. Endlich hörten einige Nachbarn seine Hilferufe, aber auch ihnen gelang es nicht, seinen Kopf herauszuziehen. Also holten sie einen Automechaniker. Der montierte das Lenkrad ab.

Da saß Peter zwar aufrecht im Wagen, aber das Lenkrad hatte er immer noch um den Hals. Immerhin konnte er jetzt aus dem Wagen steigen, doch allmählich wurde er nervös. Schließlich cremten sie Peters Haare, Gesicht und Hals ein, zogen kräftig und er kam endlich frei. An diesem Tag wollte Peter nicht mehr mit seinem Auto fahren. Stattdessen feierte er mit den Nachbarn seine Rettung.

Am Freitag darauf fuhr seine Frau mit den Kindern für zwei Tage zur Großmutter und Herr Ertl wollte sich ein gemütliches Wochenende machen. Aber dann kam alles ganz anders. Am Nachmittag klingelte seine Nachbarin an der Tür, weil ihre Katze verschwunden war. Peter Ertl half ihr sofort, sie zu suchen. Er fuhr mit dem Fahrrad durch das ganze Viertel und rief nach der Katze, fand sie aber nicht. Spät am Abend saß er in seinem Wohnzimmer und las ein Buch. Plötzlich hörte er ein Geräusch von oben. Er stand auf und stieg auf den Dachboden. Da entdeckte er die Katze hinten in einer Ecke. Natürlich wollte er sie schnell fangen und zu seiner Nachbarin bringen. Aber dabei fiel die schwere Eisentür hinter ihm ins Schloss. Die Tür kann man von innen nur mit einem Schlüssel öffnen, aber der hing in der Küche. Also war er in seinem eigenen Haus gefangen. Obwohl er immer wieder um Hilfe rief, bemerkte ihn niemand. Erst am nächsten Morgen rettete ihn der Briefträger mit einer Leiter. „Das war eine interessante Nacht", berichtete Herr Ertl. „Ich habe nämlich stundenlang aufgeräumt und dabei eine Schachtel mit alten Fotos gefunden. Außerdem habe ich in einer Kiste viele schöne ausländische Briefmarken entdeckt. Dem Briefträger habe ich gleich eine geschenkt."

Frau Ertl kommt aus dem Haus und bringt ein Tablett mit Gläsern und Saft. „Ja, ja", sagt sie, „das mit der Katze und den Briefmarken war so eine Geschichte. Aber wollen Sie wissen, wie ich meinen Mann kennengelernt habe? Das war in einem großen Hotel an der Nordsee. Ich kam zurück vom Strand und wollte mit dem Lift in den neunzehnten Stock fahren. Im vierten Stock stieg ein Mann in den Fahrstuhl und drückte auch auf den Knopf neunzehn. Der Lift fuhr an, aber plötzlich blieb er stehen. Der Mann drückte den Schalter für den Notruf, aber dabei brach der Schalter ab und das Licht ging aus. Erst schwiegen wir, aber dann fingen wir beide an zu lachen. Während wir über eine Stunde im Fahrstuhl warteten, unterhielten wir uns und ich merkte, dass Peter sehr sympathisch war. Am nächsten Tag trafen wir uns am Strand. Nach ein paar Monaten haben wir geheiratet."

„Ja, so war das", sagt Herr Ertl. „Aber warten Sie einen Moment. Ich habe eine Überraschung. Heute ist nämlich ..." – „Peter, wohin willst du denn?" fragt seine Frau. Nach einigen Minuten kommt Peter mit einem Tablett und einer Torte zurück. „Die habe ich selbst gemacht. Für dich. Zum Hochzeitstag." Er schneidet die Torte an und sagt: „So, das erste Stück ist für dich, Schatz. Probier mal." – „Mmh, die sieht ja lecker aus," sagt sie und sticht mit der Gabel in die Torte. Dabei gibt es ein merkwürdiges Geräusch. „Aber schau mal, was ist das denn?" Frau Ertl zeigt auf ein Stück Metall auf ihrem Teller. Herr Ertl weiß gleich Bescheid: „Da ist er ja wieder, der Briefkastenschlüssel! Den habe ich schon den ganzen Morgen überall gesucht."

5. Peter Ertl hatte oft Pech.

Was passt zusammen?

a) Als der Ast abbrach, ▨
b) Als er eine Zange aus dem Werkzeugkasten nahm, ▨
c) Während er unter dem Regal lag, ▨
d) Während er den Platz vor der Garage kehrte, ▨
e) Als er im Auto die Schuhe wechseln wollte, ▨
f) Während sein Kopf im Lenkrad steckte, ▨
g) Während er die Katze fangen wollte, ▨
h) Während er im eigenen Haus gefangen war, ▨
i) Als er im Fahrstuhl den Notrufschalter drückte, ▨

1. brach er ab und das Licht ging aus.
2. rutschte er aus und fiel gegen das Garagentor.
3. hörte niemand seine Hilferufe.
4. fiel er auf den Rasen.
5. fiel die Eisentür ins Schloss.
6. stieß er mit der Schulter gegen ein Regal.
7. rief er seine Frau.
8. holten die Nachbarn einen Automechaniker.
9. blieb sein Kopf im Lenkrad stecken.

6. Aber er hatte auch immer wieder Glück.

Was passt zusammen?

a) Während seine Frau ihm die Finger verband, ▨
b) Obwohl das Kabel schon ganz schwarz war, ▨
c) Obwohl das Garagentor normalerweise klemmte, ▨
d) Als die Nachbarn sein Gesicht eincremten, ▨
e) Als er auf den Dachboden stieg, ▨
f) Während er auf dem Dachboden gefangen war, ▨
g) Als der Briefträger kam, ▨
h) Als der Lift stehen blieb, ▨
i) Als seine Frau ein Stück Torte aß, ▨

1. fand sie den Briefkastenschlüssel.
2. stieg er auf eine Leiter und rettete ihn.
3. fand er alte Fotos und eine Kiste mit Briefmarken.
4. lernte er seine Frau kennen.
5. brannte es nicht.
6. konnten sie das Lenkrad von seinem Kopf ziehen.
7. fand er die Katze in einer Ecke.
8. entdeckte er eine defekte Stromleitung.
9. ging es nach Peters Sturz wieder auf und zu.

	Präsens	Präteritum		Präsens	Präteritum		Präsens	Präteritum
abbrechen	bricht ab	brach ab	helfen	hilft	half	stoßen	stößt	stieß
anfangen	fängt an	fing an	kommen	kommt	kam	treffen	trifft	traf
bleiben	bleibt	blieb	lesen	liest	las	unterhalten	unterhält	unterhielt
fallen	fällt	fiel	nehmen	nimmt	nahm	verbinden	verbindet	verband
gehen	geht	ging	schweigen	schweigt	schwieg	werden	wird	wurde
gelingen	gelingt	gelang	sehen	sieht	sah	ziehen	zieht	zog
hängen	hängt	hing	sitzen	sitzt	saß			

7. Nachrichten im Lokalrundfunk

Was ist richtig? ✗

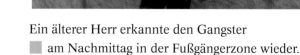

a) Am Morgen überfiel ein Verbrecher mit der
Schusswaffe
  ▢ die Sparkasse in Edewecht.
  ▢ einen Supermarkt in Edewecht.
  ▢ eine Drogerie in Edewecht.

Nach dem Überfall rannte der Verbrecher
  ▢ zur U-Bahn.
  ▢ zu seinem Motorrad.
  ▢ in ein Parkhaus.

Ein älterer Herr erkannte den Gangster
  ▢ am Nachmittag in der Fußgängerzone wieder.
  ▢ am Abend in einer Kneipe wieder.
  ▢ am Nachmittag in einem Kaufhaus wieder.

b) Die Pilotin eines Sportflugzeugs landete gestern
auf einer Bundesstraße, weil
  ▢ der Motor ihres Flugzeugs brannte.
  ▢ sie die Straße für die Landebahn
    des Flugplatzes hielt.
  ▢ sie kein Benzin mehr hatte.

Auf der Straße befanden sich
  ▢ nur wenige Autos.
  ▢ viele Autos.
  ▢ keine Autos.

Die Polizei
  ▢ brachte Benzin für das Flugzeug.
  ▢ organisierte eine Umleitung.
  ▢ holte das Flugzeug von der Straße.

c) Eine ältere Dame meldete sich bei der Polizei,
  ▢ weil ihre Freundin seit Tagen die Tür nicht aufmachte.
  ▢ weil ihre Freundin seit Tagen nicht mehr mit ihr
    telefonierte.
  ▢ weil ihre Freundin seit Tagen nicht mehr einkaufen
    ging.

Die ältere Dame dachte zuerst
  ▢ an einen Selbstmord.
  ▢ an ein Verbrechen.
  ▢ an einen Unfall.

Nach zwei Tagen bekam sie
  ▢ ein Telegramm aus Paris.
  ▢ einen Brief aus Wien.
  ▢ einen Anruf aus Madrid.

	Präsens	Präteritum
brennen	brennt	brannte
rennen	rennt	rannte
erkennen	erkennt	erkannte
denken	denkt	**dachte**
bringen	bringt	**brachte**

8. Autofahrer vor Gericht

Was ist richtig? X

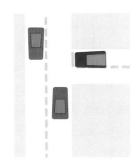

a) Herr Hübner ist
   der Angeklagte. ▦
   ein Zeuge. ▦
   ein Anwalt. ▦

b) Der Richter fordert Herrn Hübner auf,
   laut und deutlich zu sprechen. ▦
   seinen Pass vorzuzeigen. ▦
   die Wahrheit zu sagen. ▦

c) Der Unfall passierte zwischen
   Paderborn und Würzburg. ▦
   Bielefeld und Paderborn. ▦
   Detmold und Bielefeld. ▦

d) Als der Unfall passierte,
   war es neblig. ▦
   regnete es. ▦
   schneite es. ▦

e) Die Straße war
   trocken. ▦
   nass. ▦
   glatt. ▦

f) Herr Hübner sagt, er fuhr
   50-60 km/h. ▦
   60-70 km/h. ▦
   70-80 km/h. ▦

g) Herr Hübner sagt, das andere Auto
   hielt nicht an. ▦
   hielt an. ▦
   fuhr vorsichtig. ▦

h) Von vorn kam ein
   Pkw. ▦
   Lkw. ▦
   Bus. ▦

i) Herr Hübner bremste, aber
   die Bremsen funktionierten nicht. ▦
   nicht stark genug. ▦
   es war schon zu spät. ▦

9. Kuriose Meldungen aus dem ganzen Land

Was passt zusammen? Machen Sie Vorschläge. Hören Sie dann den Text.

a) Wegen eines Computerfehlers **3 H**
b) Während einer Konferenz ▦ ▦
c) Trotz des schlechten Wetters ▦ ▦
d) Wegen eines Streiks ▦ ▦
e) Während einer Taxifahrt ▦ ▦
f) Trotz des Badeverbots ▦ ▦
g) Während der Parlamentssitzung ▦ ▦
h) Wegen einer Panne ▦ ▦

während	
wegen	+ Genitiv
trotz	

1. fuhr ein Segelboot aus Cuxhaven ab
2. hatte eine Dame plötzlich Bauchweh
3. bekam eine Angestellte 30.000 € Gehalt
4. schlief ein Minister ein
5. sprang ein Mädchen in einen See
6. fiel ein Dachdecker durch die Decke
7. musste ein Mann aus Schwerin eine Nacht im Freien verbringen
8. blieb ein Brief in Flensburg liegen

A und landete mitten auf dem Tisch.
B und kam erst 17 Jahre später in Hamburg an.
C und konnte seine Rede nicht halten.
D und kam erst drei Tage später in Bremerhaven an.
E und wachte zwischen Kühen und Schafen auf.
F und fand eine Kiste mit römischen Geldstücken.
G und bekam ein Baby.
H und buchte sofort eine Reise nach Mexiko.

10. **Hören Sie und sprechen Sie nach.**

Als sie den grünen Tee in ihre Tasse goss,
und er auf dem Balkon ein süßes Eis genoss,
da hörten sie, dass jemand schnell das Fenster schloss
und unten in dem Bad sehr laut das Wasser floss.

Als sie bei der Laterne um die Ecke bog,
weil Pof, ihr Hund, mal wieder an der Leine zog,
bemerkte sie, dass über ihm ein Vogel flog,
und sah, dass Pof noch immer vierzehn Kilo wog.

11. **Was passt?**

Hören Sie, sprechen Sie nach und ergänzen Sie die Verben.

Als er mit der Pistole nah am Ufer stand,
in seinem Mantel suchte und ein Halstuch _____,
ganz vorsichtig und langsam seine Hand verband,
da sah er, dass sein Wagen in dem See _____.

Als er mit dem Löffel in die Küche rannte,
weil in seiner Pfanne das Omelett _____,
sah er, dass die Köchin ihn sofort erkannte,
lachte nur, als sie ihn einen Dummkopf _____.

Während sie den langen Brief zu Ende schrieb
und auf ihrem Tisch im Zimmer sitzen _____,
sah sie, dass das Wasser nicht mehr weiter stieg,
und küsste seine Lippen, als er glücklich _____.

Als Peter von der Arbeit schnell nach Hause ging,
mit seiner linken Hand den großen Topf _____ ,
da sah er, dass am Fenster seine Wäsche hing,
und seine Frau ihn freundlich an der Tür _____.

verschwand   nannte   verbrannte   blieb

auffing   fand   schwieg   empfing

● … Und, wie war der Film?

■ Wirklich spannend, vom Anfang bis zum Schluss.

● Erzähl doch mal.

■ Es begann damit, dass ein Mann im Rollstuhl am Fenster saß. Es war dunkel im Zimmer. Er hatte ein Fernglas und beobachtete das Nachbarhaus.

● Und was passierte dann?

■ Plötzlich sah er, dass in der Wohnung gegenüber ein Mann eine Frau ermordete.

● Und dann?

■ Er versuchte mit der Hilfe seiner Freundin den Mord zu beweisen, weil ihm die Polizei nicht glaubte.

● Wie ging es dann weiter?

■ Dann wurde es sehr gefährlich für die beiden, denn der Mörder wusste inzwischen, dass es einen Zeugen gab.

● Und wie ging die Geschichte zu Ende?

■ Das möchte ich dir nicht verraten. Den Film musst du wirklich selbst sehen!

12. **Variieren Sie das Gespräch. Benutzen Sie das Präteritum.**

1	2	3	4
Der Film beginnt auf einem Bahnhof. Zwei fünfzehnjährige Jungen stehlen aus Spaß einen Koffer.	Sie fliehen damit in ein Hochhaus und steigen in einen Fahrstuhl.	Zwischen dem zwölften und dreizehnten Stock bleibt der Fahrstuhl plötzlich stecken.	Sie öffnen den Koffer und entdecken eine Bombe mit Zeitschaltung.

1	2	3	4
Die Geschichte beginnt in einer einsamen Gegend. Ein junges Ehepaar verirrt sich mit dem Auto.	Als das Benzin zu Ende geht, finden sie ein Haus. Ein alter Mann öffnet die Tür und sie fragen nach dem Telefon.	Aber er spricht nicht mit ihnen, sondern zeigt ihnen ein Zimmer. Sie müssen bleiben, weil es dunkel wird.	Mitten in der Nacht wachen sie durch ein seltsames Geräusch auf. Da sehen sie, dass der alte Mann im Garten ein Loch gräbt.

stiegen   entdeckten   öffneten   begann   blieb   stahlen   flohen

fragten   begann   mussten   sprach   zeigte   sahen   grub   wachten auf   verirrte   fanden   ging   öffnete   wurde

13. **Hören Sie zu und schreiben Sie.**

_____ _____ _____ _____ _____ _____ gut. _____ _____ _____ _____

Goethestraße _____, _____ _____ _____ _____. _____ _____ er _____ _____, _____ _____

_____ _____ _____ _____ nicht _____ _____. _____ _____ _____ _____

Haus _____ _____ _____. _____ _____ _____ _____ davor.

14. **Machen Sie ganze Sätze aus den Schlagzeilen.**

Berlin: Bus gegen Brandenburger Tor gefahren – 10 Fahrgäste im Krankenhaus

In Berlin fuhr ein Bus gegen das
Brandenburger Tor. 10 Fahrgäste
liegen jetzt im Krankenhaus.

Potsdam: Schlange im Badesee entdeckt – Suche nach dem Besitzer ohne Erfolg geblieben

In Potsdam _____
_____
_____

Salzburg: Schule nachts abgebrannt – Feuerwehr 30 Minuten zu spät

_____
_____
_____

Zürich: Mann mit Freundin in Japan telefoniert – Rechnung über 6000 Franken bekommen

_____
_____
_____

Bonn: Pilot auf dem Rhein gelandet – kein Benzin mehr im Tank

_____
_____
_____

Kopenhagen: Schornsteinfeger vom Dach gefallen – keine Verletzungen

_____
_____
_____

15. Ein Schwein hatte Glück

Ordnen Sie die Sätze und schreiben Sie den Text im Präterium.

a) _Vor einem Jahr kaufte Herr M. von_
   seinem Nachbarn ein junges Schwein.

b) _Er brachte es_
   _____

c) _____
   _____

d) _____
   _____

e) _____
   _____

f) _____
   _____

g) _____
   _____

h) _____
   _____

i) _____
   _____

j) _____
   _____

k) _____
   _____

l) _____
   _____

m) _____
   _____
   _____

n) _____
   _____

- Seinem Vater gefällt das nicht. Er sagt immer zu Heino: „Ein Schwein ist kein Haustier! Wir wollen Fleisch und Wurst daraus machen."
- Dort parkt er den Wagen auf dem Hof und geht in den Laden.
- Dort findet er Rosa. Sie liegt in ihrem Stall und ist müde von dem langen Spaziergang.
- Heimlich bringt er ihm immer sein Frühstücksbrot, bevor er zur Schule geht.
- Als er wiederkommt, ist die Wagentür offen und Rosa ist weg.
- Er bringt es in den Stall und sein kleiner Sohn Heino gibt ihm den Namen Rosa.
- Und als er merkt, dass Rosa ihm folgt wie ein Hund, geht er täglich mit ihr spazieren.
- Er sucht lange nach ihr; dann fährt er ärgerlich nach Hause zurück.
- Da kommt gerade Heino von der Schule nach Hause. Er weint, weil er an das Schwein denkt.
- Sein Vater führt ihn zu Rosa und sagt: „Du hast ganz Recht. Rosa ist wirklich ein Haustier!"
- Alle finden, dass Rosa ein hübsches Schwein ist; aber ganz besonders liebt Heino das Tier.
- Dann kommt der Tag. Herr M. fährt mit Rosa ins nächste Dorf zur Metzgerei.
- Herr M. lacht und erzählt die Geschichte seiner Frau.

1. Welcher Satz passt zu welchem Foto?

☐ Das ist der Taxifahrer, der mich in Salzburg zum Bahnhof gebracht hat.

☐ Das ist die Seilbahn, die auf die Zugspitze fährt.

☐ Das ist das Goethehaus in Frankfurt, das an diesem Tag leider geschlossen war.

☐ So sehen die Blumen aus, die in den Alpen wachsen.

☐ Das ist der Bär, den ich in Berlin auf einem Flohmarkt gekauft habe.

☐ So sieht die berühmte Sachertorte aus, die man in Wien in jedem Café bekommt.

☐ Hier siehst du das Märchenschloss, das der bayrische König Ludwig II. gebaut hat.

☐ So sehen die Hüte aus, die man bei Festen im Schwarzwald trägt.

… **der** Taxifahrer,	**der** mich zum Bahnhof gebracht hat.
… **die** Seilbahn,	**die** auf die Zugspitze fährt.
… **das** Goethehaus,	**das** in Frankfurt steht.
… **die** Blumen,	**die** in den Alpen wachsen.

	Der Taxifahrer hat	mich zum Bahnhof gebracht.
Das ist **der** Taxifahrer, **der**		mich zum Bahnhof gebracht hat.
	Den Bär habe	ich in Berlin gekauft.
Das ist **der** Bär, **den**		ich in Berlin gekauft habe.

2. Ergänzen Sie die Nummern.

a) So sieht der Maibaum aus, ▪

b) Das ist der junge Mann, ▪

c) Das ist die S-Bahn in Frankfurt, ▪

d) Hier siehst du die Nordsee, ▪

e) So sieht das Käsefondue aus, ▪

f) Das ist das Restaurant, ▪

g) Hier siehst du die schwarz-weißen Kühe, ▪

h) So sieht der Berg aus, ▪

i) Hier sieht man die Bratwürste, ▪

j) Das ist das Museum, ▪

k) So sehen die Weißwürste aus, ▪

l) Das sind die Delfine, ▪

1. der mir Dresden gezeigt hat.
2. das auf einem Berg bei St. Moritz steht.
3. die man in München oft zum Frühstück isst.
4. das ich in Düsseldorf besucht habe.
5. die typisch für Norddeutschland sind.
6. der in München auf dem Viktualienmarkt steht.

7. die ich vor dem Heidelberger Schloss gegessen habe.
8. das mir in der Schweiz so gut geschmeckt hat.
9. die ich im Duisburger Zoo gesehen habe.
10. den ich in Österreich bestiegen habe.
11. die vom Bahnhof zum Flughafen fährt.
12. die leider keine Badetemperatur hatte.

Es muss ja nicht immer Neuschwanstein sein …

König Ludwigs Märchenschloss Neuschwanstein, der Kölner Dom, der Wiener Prater, das Matterhorn bei Zermatt – das sind wohl die Sehenswürdigkeiten, für die sich Touristen auf einer Reise durch Österreich, Deutschland oder durch die Schweiz am meisten interessieren. Städte und Landschaften bieten aber manchmal auch Besonderheiten und Naturphänomene, die nicht so bekannt sind, aber für die sich ein Umweg lohnt. Unser Kuriositäten-Führer zeigt Ihnen einige Beispiele.

Das Meer ohne Wasser

Da steht man am Strand und das Meer ist weg! Tatsächlich: An der deutschen Nordseeküste, vor der zehn große und viele kleine Inseln liegen, verabschiedet sich das Meer zweimal am Tag und für einige Stunden gibt es kein Wasser zwischen dem Land und den Inseln. Dann kann man zum Beispiel zu Fuß von Cuxhaven zu der kleinen Insel Neuwerk gehen oder man steigt in eine Pferdekutsche, mit der viele Touristen dorthin fahren. Sogar die Post kommt mit dem Pferdewagen nach Neuwerk. Eine besondere Attraktion ist das jährliche Pferderennen von Cuxhaven, bei dem die Pferde über das feuchte „Wattenmeer" rasen. Natürlich kommt das Wasser auch zweimal am Tag an die Küste zurück und bedeckt wieder den Meeresboden, über den die Leute gewandert und die Kutschen gefahren sind. Dann kann man auch mit dem Boot zu den Inseln kommen.

Die Bahn, die durch die Luft schwebt

Schon am Ende des 19. Jahrhunderts gab es in Wuppertal große Verkehrsprobleme. Die Stadt liegt in einem engen Tal, durch das ein kleiner Fluss mit Namen Wupper fließt. Man suchte ein Verkehrsmittel, das möglichst schnell Personen von einem Stadtteil in den anderen bringen konnte, ohne den restlichen Verkehr zu stören. Da kam ein Ingenieur aus Köln auf die Idee, eine Bahn zu bauen, die nicht auf Schienen fährt, sondern an Schienen hängt. Die Wuppertaler waren begeistert und fanden sofort die richtige Strecke, auf der die neue Bahn fahren sollte: Über der Wupper. Mitte des Jahres 1898 begannen sie mit dem Bau, und bereits 1901 konnten sie ihre Schwebebahn einweihen. Seitdem transportiert sie jedes Jahr mehr als 23 Millionen Passagiere auf einer Länge von 13,3 Kilometern.

Die wilden Pferde von Westfalen

An jedem letzten Samstag im Mai kann man in der Nähe der Stadt Dülmen in Westfalen ein seltsames Ereignis erleben: Junge Männer, die blaue Jacken und rote Halstücher tragen, treiben Pferde auf eine Wiese, die von starken Zäunen umgeben ist. Sie beginnen, die ein Jahr alten männlichen Tiere zu fangen, denen man danach ein Brandzeichen ins Fell drückt – der Wilde Westen mitten in Deutschland! Normalerweise leben diese Tiere völlig frei in einem Naturpark: Es sind die letzten echten Wildpferde, die es noch in Europa gibt. In dem 360 Hektar großen Park, in dem sie ohne die Hilfe der Menschen unter freiem Himmel leben, finden sie Gras und junge Pflanzen genug, um sich zu ernähren. Aber sie müssen auch mit Kälte, Regen und Sturm fertig werden, so wie ihre Vorfahren, die nach der letzten Eiszeit aus dem Süden Russlands nach Mitteleuropa kamen. Nur einmal im Jahr holen die Menschen die jungen Hengste aus der Herde. Sie werden Reitpferde oder müssen Kutschen ziehen. Die anderen laufen wieder hinaus in die Landschaft – und in die Freiheit.

Die „Straßenbahn" von Interlaken

Vor der einzigen Ampel, die es in der Marktgasse in Interlaken gibt, stehen kurz vor 17.15 Uhr ein paar Autos. Die Ampel ist auf Rot gesprungen, und auch die Fußgänger und Radfahrer müssen stehen bleiben. Dann senkt sich eine Schranke quer über die Straße. Plötzlich taucht zwischen den Häusern, zwischen denen man eigentlich andere Autos erwartet hat, ein riesiger Zug auf. Mitten durch die Schweizer Stadt sucht sich der Intercityexpress „Thuner See" seinen Weg zum Bahnhof Interlaken-Ost. Der Hochgeschwindigkeitszug, der an dieser Stelle natürlich sehr langsam fährt, kommt aus dem 1000 Kilometer entfernten Berlin. Er verbringt hier die Nacht und macht sich erst am nächsten Morgen um 8.45 Uhr wieder auf die Rückreise. Dann gehen in der Marktgasse die Schranken wieder nach unten, und die 410 Meter lange „Straßenbahn" von Interlaken fährt in der Gegenrichtung an der Ampel vorbei, vor der die Fußgänger, Auto- und Radfahrer geduldig warten.

Das Gold der Alpen

„Die Traumstraße der Alpen" nennt man die Großglockner-Hochalpenstraße, über die jährlich eine Million Autos von Norden nach Süden fahren und dabei bis auf eine Höhe von 2577 Metern steigen müssen. Von den Wiesen im Tal über die nackten Felsen bis zum ewigen Eis im Gebirge durchquert man alle Klima- und Vegetationszonen, die es zwischen den Alpen und der Arktis gibt. Hier trifft man auch das Murmeltier, dem es offensichtlich gefällt, sich den Touristen zu zeigen. Schließlich steht man vor dem Großglockner, der mit 3.798 Metern der höchste Berg Österreichs ist. Hinunter geht es nach Heiligenblut. Die Stadt bietet eine seltene Attraktion: Für wenig Geld bekommt man das Recht, einen Tag lang Gold zu suchen! An drei Stellen, an denen man mit der Hand Gold waschen darf, kann man mit etwas Glück ein winziges Stück von dem gelben Metall finden und darf es behalten. Nicht umsonst heißen die Berge hinter Heiligenblut die „Goldberge".

3. Welche Fotos passen?

1. Das Meer ohne Wasser
2. Die Bahn, die durch die Luft schwebt
3. Die wilden Pferde von Westfalen
4. Die „Straßenbahn" von Interlaken
5. Das Gold der Alpen

4. Was passt? Ergänzen Sie.

a) An der deutschen Nordseeküste, ▮ verabschiedet sich das Wasser zweimal am Tag.

b) Das Pferderennen, ▮ ist eine Attraktion von Cuxhaven.

c) Die Bahn, ▮ heißt „Schwebebahn".

d) Der Naturpark, ▮ liegt in Westfalen.

e) Junge Männer, ▮ treiben die Pferde auf eine Wiese.

f) Die Häuser, ▮ stehen in Interlaken.

g) Der Hochgeschwindigkeitszug, ▮ fährt sehr langsam durch die Stadt.

h) Die Straße, ▮ nennt man die Traumstraße der Alpen.

i) Die österreichische Stadt, ▮ heißt Heiligenblut.

1. über die jährlich eine Million Autos nach Süden fahren,
2. in dem die letzten Wildpferde Europas leben,
3. in der man Gold suchen darf,
4. der aus Berlin kommt,
5. zwischen denen ein riesiger Zug fährt,
6. bei dem die Pferde über den feuchten Meeresboden laufen,
7. die blaue Jacken und rote Halstücher tragen,
8. vor der zehn große und viele kleine Inseln liegen,
9. die an Schienen in der Luft hängt,

	Die Pferde leben **in dem** Park.	
Der Park		liegt in Westfalen.
Der Park,	**in dem** die Pferde leben,	liegt in Westfalen.

... **der** Park, **in dem** die Pferde leben, ...
... **die** Ampel, **vor der** die Leute warten, ...
... **das** Rennen, **bei dem** die Pferde laufen, ...
... **die** Häuser, **zwischen denen** Autos stehen, ...

5. Der Wetterbericht. Was passt?

Norddeutschland (N)
Westdeutschland (W)
Ostdeutschland (O)
Süddeutschland (S)

a) **S** Ein Hoch über dem Balkan bestimmt das Wetter.
b) ▢ Das Wetter bleibt angenehm mild.
c) ▢ Ein Tief über Skandinavien bringt kühle und feuchte Meeresluft.
d) ▢ Es gibt nur wenige Wolken.
e) ▢ Am Abend kommt es zu Gewittern.
f) ▢ Im Bergland regnet es stellenweise.
g) ▢ Im Lauf des Tages gibt es Schauer.
h) ▢ Es regnet nicht.
i) ▢ Es ist heiter bis bewölkt.
j) ▢ In den Flusstälern kann es Nebel geben.
k) ▢ Die Temperaturen liegen zwischen 14 und 16 Grad.
l) ▢ Die Temperaturen steigen auf 27 Grad.
m) ▢ Es gibt Temperaturen um 20 Grad.
n) ▢ Die Temperaturen liegen zwischen 16 und 18 Grad.
o) ▢ Der Wind kommt aus Nordwesten.
p) ▢ Der schwache Wind weht aus Westen.
q) ▢ Der starke Wind weht aus Süden oder Osten.
r) ▢ Der Wind erreicht Windstärke 7.
s) ▢ Der Wind weht aus südwestlichen Richtungen.

6. Telefonische Grüße aus dem Urlaub

a) Was ist richtig? **X**

1. ▢ Frau Kurz macht mit ihrem Mann und ihren beiden Kindern Urlaub in Österreich.
2. ▢ Sie ruft ihre Mutter an, weil sie ihr die Telefonnummer des Hotels geben möchte.
3. ▢ Die Kinder haben während der Hinfahrt Bilderbücher angeschaut.
4. ▢ Die Anreise war anstrengend, weil die Kinder dauernd Streit hatten.
5. ▢ Vor der Grenze haben sie drei Stunden im Stau gestanden, weil es stark geschneit hat.
6. ▢ Die Hinfahrt war problemlos, obwohl es stark geregnet hat.
7. ▢ Frau Kurz sagt, dass ihr Mann bei der Ankunft ganz schön fertig war.
8. ▢ Heute scheint die Sonne und es ist ziemlich warm.
9. ▢ Heute früh waren es minus 12 Grad.
10. ▢ Die Kinder haben leider keinen Platz im Skikurs bekommen.
11. ▢ Herr und Frau Kurz sind immer in der Nähe, wenn die Kinder im Skikurs sind.
12. ▢ Die Kinder haben keine Lust, mit ihrer Oma zu telefonieren.

> Es regnet.
> Es schneit.
> Es ist bewölkt.
> Es ist windig.
> Es sind 20 Grad.
> Es gibt ein Gewitter.
> Die Sonne scheint.
> Der Wind weht.
> Das Wetter ist schön.

b) Was ist richtig? X

1. ▦ Brigitte sagt: „Du bist der Mann, dessen Bild ich immer vor Augen habe."
2. ▦ Brigitte sagt: „Du bist die Sonne, deren Licht auf mein Leben scheint."
3. ▦ Bernd hat schlechtes Wetter, aber er findet es nicht schlimm.
4. ▦ Bernd hat gutes Wetter, nur vorhin hat es ein bisschen geregnet.
5. ▦ Brigitte hat Angst, weil es bei ihr gerade ein Gewitter gibt.
6. ▦ Brigitte freut sich, weil bei ihr die Sonne scheint.
7. ▦ Brigitte ist nicht mitgekommen, weil sie nicht so lange laufen kann wie Bernd.
8. ▦ Bernd wollte nicht, dass Brigitte mit ihm in die Berge kommt.
9. ▦ Bernd macht nur drei Tage Wanderurlaub.
10. ▦ Bernd macht gerade Pause an einem Bach.
11. ▦ Brigitte hat ihm Wurst und Käse in den Rucksack gepackt.
12. ▦ Bernd hat nur eine Flasche Wasser dabei.
13. ▦ Bernd muss noch vier Stunden bis zur Berghütte laufen.

c) Was ist richtig? X

1. ▦ Frau Kerner ruft eine Nachbarin an, deren Schwester ihre Blumen gießt.
2. ▦ Frau Kerner telefoniert mit ihrer Schwester, die sich zu Hause um ihre Wohnung kümmert.
3. ▦ Sie macht Urlaub auf der Nordseeinsel „Spiekeroog".
4. ▦ Sie ist mit ihrer Katze auf die Insel „Sylt" gefahren.
5. ▦ Sie liest und geht viel spazieren.
6. ▦ Sie hatte keine Probleme, ein schönes Hotel zu finden.
7. ▦ Sie wohnt in einem Gasthaus, dessen Toiletten auf dem Hof sind.
8. ▦ Sie schwimmt jeden Tag im Meer, obwohl das Wasser ziemlich kalt ist.
9. ▦ Sie geht nur bis zu den Knien ins Wasser, weil es immer sehr windig und kühl ist.
10. ▦ Sie findet es toll, dass auf der Insel keine Autos fahren dürfen.
11. ▦ Gestern war sie auf dem Meer und hat geangelt.
12. ▦ Sie hat Zwillingsschwestern kennen gelernt, deren Bruder ein Boot hat.

Der Mann,	**dessen** Bild immer vor meinen Augen ist, …
Die Nachbarin,	**deren** Schwester meine Blumen gießt, …
Das Gasthaus,	**dessen** Toiletten auf dem Hof sind, …
Die Schwestern,	**deren** Bruder ein Boot hat, …

7. Ein Fernsehquiz

a) Aus welcher Stadt kommen die Personen Nr. 1 bis 5?

- ▦ Hamburg
- ▦ Köln
- ▦ Heidelberg
- ▦ Zürich
- ▦ Wien

b) Was sagen die Personen Nr. 1 bis 5, um sich zu verabschieden?

- ▦ Ade!
- ▦ Uf Wiederluege!
- ▦ Tschüs!
- ▦ Servus!
- ▦ Tschö!

8. Hören Sie und sprechen Sie nach.

Der Mann liest den Brief.
Der Mann wartet auf den Bus.
Der Mann liest den Brief und wartet auf den Bus.
Der Mann, der den Brief liest, wartet auf den Bus.
Der Mann, der auf den Bus wartet, liest den Brief.
Der Mann freut sich über den Brief und lacht.
Der Mann, der sich über den Brief freut, lacht.

Die Frau streichelt den Delfin.
Die Frau will den Delfin fotografieren.
Die Frau, die den Delfin streichelt, will ihn fotografieren.
Die Frau, die den Delfin fotografieren will, streichelt ihn.
Die Frau, die den Delfin streichelt und ihn fotografieren will, sitzt im Segelboot.
Die Frau, die den Delfin fotografieren will und im Segelboot sitzt, streichelt ihn.
Die Frau, die im Segelboot sitzt und den Delfin streichelt, will ihn fotografieren.

9. Sprechen Sie nach und ergänzen Sie das Relativpronomen.

a) Die Tochter _____ Musikers, _____ Zeitung wegfliegt, spielt Flöte.

b) Der Hund _____ Frau, _____ Sohn ruhig schläft, springt.

c) Die alte Frau gibt _____ Kindern, mit _____ sie auf der Bank sitzt, Bonbons.

d) Die Mutter _____ Mädchens, _____ Mütze in die Pfütze fällt, schläft.

e) Die Fahrerin _____ Autos, _____ Seitenfenster offen ist, sieht eine Zeitung auf dem Spiegel.

f) Die Regenschirme _____ Touristen, _____ Koffer an der Haltestelle stehen, fliegen weg.

g) Der Fahrer _____ Busses, _____ Tür offen ist, hält nicht.

h) Die Fahrerin _____ grünen Autos, _____ Dach offen ist, fängt einen Regenschirm.

i) Der Junge gibt _____ Vogel, _____ er streichelt, ein Stück Schokolade.

deren
der
dem
denen
des
den
dessen

● Wohin sollen wir bloß dieses Jahr in Urlaub fahren? Hast du schon eine Idee?

■ Na klar! Ich möchte wieder nach Italien fahren.

● Immer Italien! Irgendwann wollten wir doch mal in ein Land fahren, das wir noch nicht kennen!

■ Meinetwegen! Am Mittelmeer gibt es noch viele Orte, wo wir noch nicht waren.

● Genau! Aber ich möchte irgendwohin, wo es nicht so viele Touristen gibt. Was hältst du von einer griechischen Insel?

■ Warum nicht? Ich will auf jeden Fall irgendwo Urlaub machen, wo ich den ganzen Tag schwimmen kann. Das ist alles, was ich möchte.

● Und ich möchte mich vor allem erholen: Viel lesen und vielleicht ein bisschen wandern.

■ Dann ist doch alles klar. Lass uns mal die Kataloge anschauen.

10. Variieren Sie das Gespräch.

Italien – Mittelmeer – griechische Insel		Meinetwegen!
Österreich – Alpen – Schweizer Badeort		Von mir aus!
Dänemark – Skandinavien – finnischer See		In Ordnung!
Norddeutschland – Ostsee – schwedische Insel		Einverstanden!

irgendwo,	wo es nicht so viele Touristen gibt	sich erholen
irgendwohin,	wo es nicht so voll ist	sich ausruhen
ein Ort,	wo es nicht so laut ist	Sport treiben
eine Gegend,	wo es nicht so heiß ist	wandern
ein Land,	wohin man mit Kindern fahren kann	tauchen
ein Strand,	wohin man den Hund mitnehmen kann	surfen
ein Hotel,	wohin man mit der Bahn fahren kann	segeln
…		Museen besuchen
		Höhlen besichtigen

11. **Hören Sie zu und schreiben Sie.**

Brigitte _____ _____ __ __ _____. __ __ __ _____, __ direkt __
_____ _____. _____ _____, obwohl __ _____ __
__ _____. _____, _____ erholen __. __
__ Bücher __, __ __ __ __ _____.

12. **Ergänzen Sie den Brief.**

der	ich vom Balkon habe
die	direkt am See liegt
das	das Seminar leiten
die	Wasser wunderbar klar ist
den	wir einen Vortrag über neue Technologien hören
dessen	meine Firma mich geschickt hat
mit denen	wir uns über die Schweizer Milchproduktion informieren
zu dem	am Bodensee wächst
in dem	wir uns die Herstellung des berühmten Appenzeller Käses anschauen
in der	das Klima sehr mild ist
auf der	ich hinüber nach Bregenz fahren will
auf der	du sicher auch noch kennst

Konstanz, den 19. März

Lieber Torsten,

viele Grüße aus Konstanz am Bodensee, *wo ich einige Tage verbringe.* Hier ist der Frühling schon angekommen.

Ich wohne in einem Hotel, *das direkt* _____ .

Die Aussicht, _____ , ist herrlich: Vor mir liegt der See, _____ . Und ich kann bis hinüber in die Schweiz und nach Österreich schauen.

Vielleicht denkst Du jetzt, dass ich hier Urlaub mache. Aber das stimmt nicht. Ich besuche hier ein Marketing-Seminar, _____ _____ . Thema: „Der Wirtschaftsraum Bodensee".

Das klingt vielleicht langweilig, ist es aber überhaupt nicht. Die Dozenten, _____ _____ , sind wirklich sehr gut. Außerdem machen wir eine Menge Ausflüge und Besichtigungen. Morgen besuchen wir zum Beispiel das Technologiezentrum Konstanz, _____ _____ .

Olma Messen St.Gallen

Am Donnerstag fahren wir in die Schweiz nach Sankt Gallen. Dort findet eine Landwirtschaftsmesse statt, _____ _____ . Danach besichtigen wir eine Käsefabrik in Appenzell, _____ _____ .

Neben dem Seminar bleibt natürlich auch genügend Freizeit. Hast Du schon mal den Wein probiert, _____ ? Einfach fabelhaft, sage ich Dir! Gestern war ich auf der Mainau. Auf dieser kleinen Insel, _____ , wachsen sogar Zitronen! Stell Dir vor: Dort habe ich zufällig einen alten Schulfreund getroffen, _____ : Christoph! Er ist jetzt verheiratet und macht hier in der Gegend Urlaub.

Jetzt muss ich aber zum Ende kommen. Gleich treffe ich meine Kollegen, _____ _____ .

Die österreichische Seite des Sees kenne ich nämlich noch nicht.

Ich rufe Dich an, wenn ich wieder zu Hause bin.

Bis dann!

Dein
Thomas

Radolfzell

Ravensburg

Mainau

Konstanz

Friedrichshafen

BODENSEE

Frauenfeld

Lindau

Bregenz

Winterthur

St. Gallen

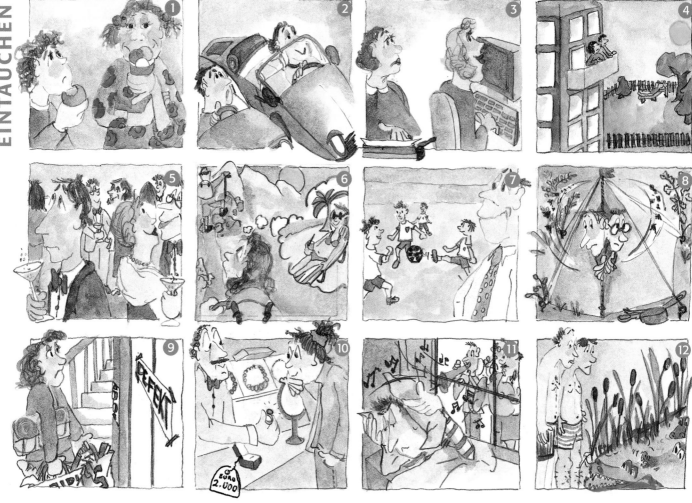

1. Welcher Satz passt zu welchem Bild?

8 Sie sind in ihrem Zelt, aber lieber wären sie draußen.

Sie hat eine Schreibmaschine, aber sie hätte lieber einen Computer.

Er würde gerne schlafen, aber die Musik ist zu laut.

Er ist auf einer Party, aber lieber wäre er zu Hause im Bett.

Sie haben einen Balkon, aber sie hätten lieber einen Garten.

Er hat ein Auto, aber er hätte gern einen Sportwagen.

Er ist erwachsen, aber jetzt wäre er lieber ein Kind.

Sie ist in den Bergen, aber sie wäre lieber am Meer.

Sie würde gern mit dem Aufzug fahren, aber er ist kaputt.

Er hat einen Apfel, aber er hätte lieber ein Eis.

Sie würden gerne baden, aber im Fluss sind Krokodile.

Sie würde den Ring gerne kaufen, aber er ist zu teuer.

| er/sie/es hat | er/sie/es **hätte** |
| sie haben | sie **hätten** |

| er/sie/es ist | er/sie/es **wäre** |
| sie sind | sie **wären** |

| er/sie/es kauft | er/sie/es **würde kaufen** |
| sie kaufen | sie **würden kaufen** |

2. Ergänzen Sie die Sätze.

a) Er ist kein Vogel. Wenn er ein Vogel wäre, würde er fliegen.

b) Sie hat kein Geld. Wenn sie Geld hätte, _____ sie sich ein Würstchen kaufen.

c) Er hat kein Auto. Wenn er ein Auto _____ , _____ er fahren.

d) Er ist kein Monteur. Wenn _____ , _____ .

e) Sie sind nicht müde. Wenn _____ , _____ .

f) Er hat keine Leiter. Wenn _____ , _____ .

g) Sie haben ihren Ball nicht mehr. Wenn _____ , _____ .

h) Sie sind nicht ängstlich. Wenn _____ , _____ .

i) Sie hat keinen Kamm. Wenn _____ , _____ .

nicht über die Brücke gehen   die Äpfel pflücken

sich die Haare kämmen

schlafen   Fußball spielen   die Waschmaschine reparieren

Er **ist** kein Vogel. Er **würde** gern fliegen.
Wenn er ein Vogel **wäre, würde** er fliegen.

Was wäre, wenn ...

...der Mensch nicht mehr altern würde? Jung bleiben bis zum Tod – ein alter Traum der Menschheit. Bald könnte er Wirklichkeit werden. Die biologische Forschung sucht Antworten auf die Frage: Warum altern menschliche und tierische Zellen? Erste Erfolge gibt es schon bei Insekten: Es ist bereits gelungen, die Lebenszeit bestimmter Fliegen künstlich zu verlängern. Und es ist gar nicht unwahrscheinlich, dass es eines Tages für den Menschen die Wunderpille gegen Krankheit und Alter gibt. Vielleicht wird schon die Generation unserer Enkel 120 Jahre alt ohne Falten im Gesicht und ohne Gicht in den Knochen. Wir haben zwei Leser gefragt: Würden Sie sich diesen Zustand wünschen?

Ja Das wäre doch fantastisch! So könnte man sein Leben bis zum Ende voll und ganz genießen. Niemand freut sich doch, wenn die Haare ausfallen und die Haut schlaff und faltig wird. Ich sähe gern mit 90 Jahren noch so aus wie jetzt. Ich treibe viel Sport und kann mir nicht vorstellen, dass ich irgendwann nur noch im Sessel sitzen kann, weil ich keine Kraft mehr habe. Ich möchte auch im Alter geistig und körperlich fit bleiben. Für mich ist das keine Frage; ich würde diese Wunderpille sofort nehmen.

Sie hätte doch nur Vorteile. Die Kinder wären glücklich, weil sie junge und vitale Eltern und Großeltern hätten, die alles mit ihnen unternehmen könnten. Niemand müsste mehr die Alten pflegen und die Altenheime könnte man in Freizeitanlagen umbauen.

Sven Kramer,
23, Student

Es gäbe keinen Neid der Alten auf die Jungen mehr und kein Mann würde mehr seine Frau verlassen, weil er seine junge Nachbarin attraktiver fände.

Außerdem wäre es auch für die Gesellschaft ein großer Gewinn, weil die Alten mit ihren Kenntnissen und Erfahrungen viel länger im Beruf bleiben könnten. Es gäbe keine Rentner mehr, was ja auch viel Geld sparen würde.

Schlimm wäre es wohl nur für die Ärzte und Schönheitschirurgen, weil sie dann keine Patienten mehr hätten. ∎

Nein Das ist für mich ein schrecklicher Gedanke. So ein Leben wäre gegen die Natur. Und ich bin ganz sicher, dass es die Menschen nicht glücklich machen würde. Sie wären dann noch egoistischer und kälter. Ein ganzes Leben jung und schön: Da würde das Aussehen einen noch höheren Stellenwert bekommen. Eitelkeit würde die Welt regieren. Wenn es keine Sorgen mehr gäbe, dann würde jeder ausschließlich an sich und sein Vergnügen denken.

Anne Klinge,
27, Lehrerin

Meiner Meinung nach ist das Alter keine Krankheit, die man besiegen muss. Der Alterungsprozess, genauso wie der Tod, gehört doch zum natürlichen Lebensrhythmus, sonst würden die Menschen nicht mehr menschlich fühlen. Mitleid, Sorge und Trauer würde es dann ja nicht mehr geben.

Außerdem möchte ich nicht nur noch überall junge Gesichter sehen. Was für eine Vorstellung! Dann würde ich zum Beispiel einen Mann treffen und wüsste nicht, ob er 30 oder 90 Jahre alt ist. Vielleicht würde ich mich spontan verlieben, bevor ich wüsste, wie alt er ist. Das wäre doch schlimm; das Aussehen muss doch zum Alter passen.

Und was ist mit der Überbevölkerung auf der Erde? Diese Wunderpille würde das Problem noch verstärken. Die Menschen hätten ja alle ein viel längeres Leben und könnten noch mehr Kinder bekommen.

Übrigens würden die Arbeitslosen auch immer mehr: Wie sollten die Jugendlichen denn einen Job finden, wenn kein Alter mehr in Rente ginge?

Also für mich ist das ganz klar: Es wäre nicht das Paradies, das die Forscher sich vorstellen. Ich finde, die dürften gar nicht an diesem Projekt weiterarbeiten. Sie sollten sich lieber damit beschäftigen, Medikamente gegen wirkliche Krankheiten zu entwickeln. ∎

3. Was steht oben im Text? ☒

a) ▦ Es ist ein alter Traum der Menschheit, bis zum Tod jung zu bleiben.

  ▦ Es ist ein alter Traum der Menschheit, jung zu sterben.

b) ▦ Die Forscher wollen wissen, ob menschliche und tierische Zellen altern.

  ▦ Die Forscher wollen wissen, warum menschliche und tierische Zellen altern.

c) ▦ Man hat es geschafft, bestimmte Fliegen künstlich zu verlängern.

  ▦ Man hat es geschafft, dass bestimmte Fliegen länger leben.

d) ▦ Es ist möglich, dass es eines Tages eine Pille gegen das Altern gibt.

  ▦ Es ist möglich, dass es eines Tages eine Pille gegen den Tod gibt.

4. Wer gebraucht diese Argumente? Sven (Ⓢ) oder Anne (Ⓐ)?

a) ▦ Ein Leben ohne Altern wäre gegen die Natur.

b) ▦ Die Wunderpille hätte nur Vorteile.

c) ▦ Jeder würde nur noch an sein Vergnügen denken.

d) ▦ Man könnte sein Leben voll und ganz genießen.

e) ▦ Die Kinder wären glücklich über junge und vitale Eltern und Großeltern.

f) ▦ Es gäbe kein Mitleid, keine Sorge, keine Trauer mehr.

g) ▦ Man müsste die alten Leute nicht mehr pflegen.

h) ▦ Man wüsste nicht, ob jemand 30 oder 90 Jahre alt ist.

i) ▦ Die Alten könnten viel länger im Beruf bleiben.

j) ▦ Die Jugendlichen fänden keinen Job.

k) ▦ Das Aussehen bekäme einen höheren Stellenwert.

l) ▦ Die Ärzte und Schönheitschirurgen hätten keine Patienten mehr.

m) ▦ Man sähe überall nur noch junge Gesichter.

n) ▦ Man könnte Altenheime in Freizeitanlagen umbauen.

5. Wie passen die Sätze zum Text?

a) Man könnte die Altenheime in Freizeitanlagen umbauen, ▦

b) Die Kinder wären glücklich, ▦

c) Kein Mann würde seine Frau verlassen, ▦

d) Die Alten wären ein großer Gewinn für die Gesellschaft, ▦

e) Man würde viel Geld sparen, ▦

f) Die Menschen wären nicht glücklich, ▦

g) Jeder würde nur noch an sein Vergnügen denken, ▦

h) Das Problem der Überbevölkerung würde stärker, ▦

i) Es gäbe immer mehr Arbeitslose, ▦

1. weil man keine Renten mehr bezahlen müsste.

2. weil die Menschen länger leben und noch mehr Kinder bekommen würden.

3. weil es keine Sorgen mehr gäbe.

4. weil ihre vitalen Eltern und Großeltern alles mit ihnen unternehmen könnten.

5. weil sie noch egoistischer und kälter wären.

6. weil sie mit ihren Kenntnissen und Erfahrungen viel länger im Beruf bleiben könnten.

7. weil kein Alter mehr in Rente ginge, sondern immer weiter arbeiten würde.

8. weil sie genauso attraktiv wie die junge Nachbarin wäre.

9. weil man keine Alten mehr pflegen müsste.

er/sie/es	kann	könnte	gibt	gäbe
	muss	müsste	sieht	sähe
	darf	dürfte	findet	fände
	soll	sollte	geht	ginge
	weiß	wüsste	…	

ein alter Mensch	ein Alter
einen alten Menschen	einen Alten
der alte Mensch	der Alte
den alten Menschen	den Alten

6. Immer höflich.

Was ist richtig? ✗

a) Der Mann sagt:
- „Hätten Sie wohl ein neues Messer für mich?"
- „Ach, wenn ich doch nur ein neues Messer hätte!"
- „Ein neues Messer, aber schnell bitte!"

b) Die Frau sagt:
- „Ich muss unbedingt mal Ihren Kuli haben."
- „Geben Sie mir Ihren Kuli oder nicht?"
- „Könnte ich bitte mal kurz Ihren Kuli haben?"

c) Das Mädchen sagt:
- „Ich brauche die Butter."
- „Würdest du mir bitte mal die Butter geben?"
- „Wenn ich nur die Butter hätte!"

d) Die alte Dame sagt:
- „Ich hätte es gern, wenn Sie mir in den Zug helfen würden."
- „Helfen Sie mir in den Zug!"
- „Wären Sie wohl so nett, mir in den Zug zu helfen?"

e) Der Polizist sagt:
- „Dürfte ich bitte Ihren Führerschein sehen?"
- „Ich möchte Ihren Führerschein sehen."
- „Ich will sofort Ihren Führerschein sehen."

7. Wünsche.

a) Was sagt der Mann?
- „Ich will endlich besseres Wetter!"
- „Wenn doch nur das Wetter besser wäre!"
- „Das Wetter soll besser sein!"

b) Was sagt die Frau?
- „Die Suppe dürfte schärfer sein."
- „Die Suppe darf sehr scharf sein."
- „Ich will eine scharfe Suppe."

c) Was sagt die Lehrerin?
- „Du musst größer schreiben."
- „Kannst du nicht größer schreiben?"
- „Du könntest etwas größer schreiben."

d) Was sagt die Frau?
- „Wenn ich nur meine Brille hätte!"
- „Leider habe ich meine Brille nicht."
- „Ich muss eine Brille haben."

8. Frau Dr. Remmer weiß Rat.

Zu welchem Anruf passen die Sätze?
Erster Anruf = (1)   Zweiter Anruf = (2)   Dritter Anruf = (3)

a) ☐ „Könnte es nicht sein, dass Sie Ihrer Freundin zu wenig Freiheit lassen?"

b) ☐ „Es könnte vielleicht helfen, wenn Sie kurz vorher ein Glas warme Milch trinken."

c) ☐ „Sie könnten regelmäßig in eine Disco gehen."

d) ☐ „Sie könnten Ihre Gedanken in ein Tagebuch schreiben, bevor Sie ins Bett gehen."

e) ☐ „An Ihrer Stelle würde ich warten, bis sie selbst anruft."

f) ☐ „Ich würde an Ihrer Stelle jeden Abend einen kleinen Spaziergang machen."

g) ☐ „Würde es Ihnen gefallen, wenn Ihre Freundin auch so eifersüchtig wäre?"

h) ☐ „Wäre es nicht die einfachste Lösung, wenn Sie es mit einer Anzeige versuchen würden?"

i) ☐ „Nehmen Sie keine Tabletten, weil Sie mit der Zeit immer höhere Mengen brauchen."

j) ☐ „Es wäre sicher die beste Lösung, wenn Sie mit ihr darüber reden würden."

k) ☐ „Ich würde Ihnen raten, Kontakt zu Ihren nettesten Kollegen zu suchen."

l) ☐ „Sie sollten sich auf jeden Fall immer ein Freizeitprogramm für das Wochenende machen."

m) ☐ „Sie könnten ein kleines Fest in Ihrer Wohnung machen und Ihre Nachbarn einladen."

n) ☐ „Sie hätten sicher einen besseren Schlaf, wenn Sie nachts das Fenster öffnen würden."

o) ☐ „Mehr Geduld wäre in Ihrem Fall besser als der schönste Blumenstrauß."

9. Eine Frage an Silvester.

Was passt zusammen?

a) Er würde sich sicher kein Mäusepaar mehr holen, ☐

b) Er würde seinen alten Wagen nicht mehr in die Werkstatt bringen, ☐

c) Er würde den Computer nicht noch einmal kaufen, ☐

d) Er würde seinen Fernseher nicht mehr verleihen, ☐

e) Er würde seinen besten Pullover nicht mehr selbst waschen, ☐

f) Er würde keinen Winterurlaub mehr machen, ☐

g) Er würde nicht mehr auf dem Balkon grillen, ☐

1. weil er ihn immer noch nicht wiederhat.

2. weil er gleich danach endgültig kaputt ging.

3. weil er ihn in den Mülleimer werfen musste.

4. weil es immer mehr Kinder und Enkelkinder bekommt.

5. weil er seinen Nachbarn einen neuen Sonnenschirm kaufen musste.

6. weil das neueste Modell viel besser ist.

7. weil er immer der schlechteste Skiläufer auf der Piste war.

ein besserer Schlaf	der bessere Schlaf	der beste Schlaf
eine bessere Lösung	die bessere Lösung	die beste Lösung
ein besseres Modell	das bessere Modell	das beste Modell
bessere Lösungen	die besseren Lösungen	die besten Lösungen

10. Gedanken am Meer.

Hören Sie zu und sprechen Sie nach.

Wenn ich ein Boot hätte,
    würde ich aufs Meer fahren.
Wenn ich aufs Meer fahren würde,
    würde vielleicht ein Sturm kommen.
Wenn ein Sturm käme,
    würde ich ins Wasser fallen.
Wenn ich ins Wasser fallen würde,
    müsste ich schwimmen.
Wenn ich schwimmen müsste,
    wäre ich bald sehr müde.
Wenn ich müde wäre,
    würde mich sicher ein Delfin retten.
Oh, das wäre schön!

11. Qualen der Liebe – erster Teil.

Hören Sie zu und sprechen Sie dann den Text frei.

Gestern musste er arbeiten. Heute müsste er nicht
    arbeiten. Aber er arbeitet trotzdem.
Gestern konnte er nicht kommen. Heute könnte er
    kommen. Aber er kommt trotzdem nicht.
Gestern durfte er mich nicht anrufen. Heute dürfte er
    mich anrufen. Aber er ruft trotzdem nicht an.

12. Qualen der Liebe – zweiter Teil.

Hören Sie zu, ergänzen Sie und sprechen Sie nach.

Wenn ich doch nur den Namen _____
von dem Mädchen, das mich küsste!
Leider hat sie nichts gesagt.
Warum hab' ich nicht gefragt!

Ich müsste wissen, was man tut.
Dann _____ sicher alles gut.
Könnte sie ihr Herz verlieren,
wenn wir durch den Wald spazieren?

Sollte ich ihr Rosen schenken?
Doch was würde sie dann denken?
Ich wäre gern in ihrer Nähe!
Wenn ich sie nur _____!

gäbe
    wiedersähe
schriebe
    würde
wüsste

Ich _____ ihr ein Bild von mir –
und dazu ein Kuscheltier.
Wäre sie davon entzückt?
Oder fände sie's verrückt?

Ich _____ ihr auch ein Gedicht.
Doch läse sie es – oder nicht?
Vielleicht würde sie nur lachen.
Oh, was könnte ich nur machen?

● Ich habe den Hund hier noch nie gesehen. Wem könnte er nur gehören?

■ Ich weiß nicht. Wenn er in unserer Straße wohnen würde, würden wir ihn kennen.

● Sicher ist er ein Familienhund. Sonst wäre er nicht so lieb.

■ Ich finde ihn ja auch nett. Aber was machen wir jetzt mit ihm?

● Wir könnten ihm eine Decke in die Garage legen, damit er schlafen kann.

■ Ach, das meine ich doch nicht. Wir müssten etwas tun. Müssten wir nicht die Polizei anrufen?

● Wieso die Polizei? Er hat doch nichts gestohlen.

■ Mach keine Witze! Was würdest du denn vorschlagen, bitte?

● Ich würde ihn am liebsten behalten. Er ist so süß.

■ Du hast verrückte Ideen! Das geht doch nicht. Der Hund gehört doch jemandem.

---

13. **Finden Sie eine Reihenfolge für das Ende des Gesprächs.**

☐ Wenn sich niemand meldet, behalten wir ihn. Ich könnte den armen Kerl auch nicht ins Tierheim bringen.

☐ Dann wäre doch bestimmt eine Suchanzeige in der Zeitung, oder nicht?

☐ Die Zeitung liegt neben dir. Aber wenn wir nichts finden, behalten wir den Hund.

☐1 Es könnte doch auch sein, dass seine Familie ihn nicht mehr haben will.

☐ Ja, wahrscheinlich. Hol sie doch mal her.

☐ Natürlich, aber es könnte auch sein, dass sie ihn überall suchen.

---

14. **Variieren Sie das Gespräch.**

Ich weiß nicht.
Ich habe keine Ahnung.
Frag mich nicht.

Mach keine Witze.
Nun sei mal ein bisschen ernst.
Mach dich nicht lustig.

Du hast verrückte Ideen!
Du hast wirklich unmögliche Einfälle!
Ideen hast du!

Das geht doch nicht.
Das kann man doch nicht machen.
Das ist doch unmöglich.

Es könnte doch auch sein, dass ...
Es wäre doch auch möglich, dass ...
Könnte es nicht auch sein, dass ...?

Natürlich, aber ...
Sicher, aber ...
Ja schon, aber ...

15. Hören Sie zu und schreiben Sie.

Kurt _____ _____ _____ _____ _____ . _ _____ _____ _____ Modell _____ _____ _____

_____ _____ _____ . _ Wagen _____ _____ _____ _____ _____ , _____ _____ _____

_____ _____ _____ . _ _____ _____ _____ _____ _____ _____ _____ _____ , _ _____ _____

Führerschein _ _____ . _ _____ _____ _____ _____ _____ _____ _____ .

16. Ein fantastisches Angebot

a) Lesen Sie zunächst den Brief von Hannes.

Lieber Marc,

ich schreibe Dir heute, weil ich Deinen Rat brauche. Stell Dir vor: Mein Chef hat mir angeboten, fünf Jahre für die Firma nach Südamerika zu gehen! Ich soll ab dem nächsten Jahr die Leitung unserer Filiale in São Paulo übernehmen. Zuerst habe ich ja gedacht, das wäre eine ganz schöne Idee, aber dann fiel mir ein, dass es eine Menge Schwierigkeiten geben würde:

Ich habe mir doch gerade erst das teure Apartment in der Innenstadt gekauft. Wenn ich es sofort wieder verkaufen müsste, würde ich einen ziemlich großen Verlust machen. Und außerdem: Wohin mit den Möbeln?

Meinen Sportwagen könnte ich natürlich auch nicht mitnehmen. Aber das wäre nicht das größte Problem; den müsste ich eben verkaufen, obwohl mir das sehr leidtäte.

Tja, und dann ist da auch noch „Urmel", mein Foxterrier. Den dürfte ich gar nicht mitnehmen, das ginge schon wegen der Einreise- bestimmungen nicht. Ich hätte keine Ahnung, was ich mit ihm machen sollte.

Ich hätte natürlich auch ein bisschen Angst davor, meine Freunde zu verlieren. Wenn man so lange weg ist und sich nicht sieht – wer weiß? Ich würde auch die Jazzband vermissen, in der ich seit Jahren Saxophon spiele.

Ich weiß gar nicht, wie das Klima dort ist. Hitze und Feuchtigkeit vertrage ich nicht. Das wäre nichts für meine Gesundheit. Und Portugiesisch kann ich auch nicht. Das müsste ich erst noch lernen.

Aber das größte Problem ist meine Freundin! Ute würde bestimmt nicht akzeptieren, dass sie so lange von mir getrennt wäre. Und mitkommen würde sie auch nicht. Dann müsste sie ja ihren Job aufgeben.

Du siehst also, ich habe eine fantastische Chance, aber ich kann mich nicht entscheiden. Was würdest Du tun, wenn Du an meiner Stelle wärst? Ich hoffe auf eine ehrliche Antwort von Dir.

Dein Freund
Hannes

b) Ergänzen Sie den Antwortbrief mit Ausdrücken im Konjunktiv.

Lieber Hannes,

erst einmal herzlichen Glückwunsch zu der tollen Chance, die Du bekommen hast! Wenn ich an Deiner Stelle wäre, würde ich sofort zusagen. So ein Angebot kann man doch nicht ablehnen! Und meiner Meinung nach kann man Deine Probleme alle lösen.

Dein Apartment ____. Es gibt so viele Leute, die eine Wohnung suchen. Und im Mietvertrag könntest Du festlegen, dass der Mieter nach fünf Jahren ____. Die Möbel würde ich bei einem Umzugsunternehmen unterstellen. Die haben extra Lagerhallen für solche Fälle, und ich glaube nicht, dass es ____.

Für Deinen Sportwagen ____. Was soll der denn kosten? Ich könnte mir vorstellen, dass ich ____. Dein Hund ist natürlich ein Problem. Ich kann verstehen, dass Du ____. Aber frag doch mal Roland. Der hat doch schon zwei Hunde. Ich bin sicher, dass es „Urmel" ____.

Du solltest auf alle Fälle Dein Saxophon mitnehmen! Überall gibt es Leute, die gern Musik machen. Und ich wette, dass Du schon nach zwei Monaten ____.

Ich glaube auch nicht, dass Du ____, Deine Freunde zu verlieren. Es gibt doch Post und Telefon! Außerdem hast Du einen Internet-Anschluss und E-Mail. Ich verspreche Dir, dass ich Dir jede Woche ____. Das mache ich mit meiner Schwester in Manila auch.

Um das Klima da unten mach Dir mal keine Sorgen! Da gibt es Medikamente. Wie wäre es, wenn Du schon bald ____?

Du würdest doch erst nächstes Jahr abreisen. Für einen Sprachkurs ____. Außerdem kannst Du schon Spanisch, und ich bin überzeugt, dass Du schon in drei Monaten

____.

Und nun zu Deiner Freundin. Willst Du meine ehrliche Meinung wissen? Ich finde, sie ____: Du oder ihr Job! Wenn ich ____, würde ich auf jeden Fall mitkommen. Auch für Ute wäre es doch eine tolle Chance, die große weite Welt kennenzulernen.

Nun kennst Du also meine Meinung. Ich finde, Du ____. So eine Gelegenheit bekommt man nur einmal im Leben. Du Glückspilz! Ich wäre gern an Deiner Stelle. Denk über meine Vorschläge nach und lass mich Deine Entscheidung bald wissen!

In alter Freundschaft

Dein Marc

wieder ausziehen müssen	die Stellung sofort annehmen sollen	ihn nicht gern abgeben
über ein halbes Jahr Zeit haben	mit einem Arzt darüber sprechen	einen elektronischen
perfekt Portugiesisch sprechen können	in einer neuen Band mitspielen	Brief schicken
viel kosten	Angst haben müssen	sich selbst für den Wagen
sich entscheiden müssen	vermieten können	interessieren
schnell einen Käufer finden	bei ihm gut gehen	sie sein

1. Was passt?

Nr. 1: Der Mann fragt, wann das Handballspiel beginnt.

Nr. 2: Die Frau fragt, ob das Handballspiel pünktlich beginnt.

Nr. 3: Das Mädchen möchte wissen, wo die Toiletten sind.

Nr. 4: Der Junge möchte wissen, ob die Toiletten am Eingang sind.

Nr. 5: Die Frau fragt, **D**

Nr. 6: Der Mann erkundigt sich, ■

Nr. 7: Die Frau möchte wissen, ■

Nr. 8: Der Junge fragt, ■

Nr. 9: Das Kind fragt, ■

Nr. 10: Die Frau erkundigt sich, ■

A) ob die Pommes frites gut schmecken.

B) ob die Schuhe bequem sind.

C) wie die Pommes frites schmecken.

D) warum der 100-Meter-Lauf später beginnt.

E) wem die Schuhe gehören.

F) wer den Ball hat.

2. Ergänzen Sie die Sätze.

Nr. 11: Der Mann fragt, *ob das Fußballspiel ...* _____

Nr. 12: Die Frau fragt, _____

Nr. 13: Der Junge fragt, _____

Nr. 14: Das Mädchen möchte wissen, _____

Nr. 15: Die alte Dame erkundigt sich, _____

Der Mann fragt:	**„Wann**	**beginnt**	das Handballspiel?"	
Der Mann fragt,	**wann**		das Handballspiel	**beginnt.**
Die Frau fragt:		**„Beginnt**	das Handballspiel pünktlich?"	
Die Frau fragt,	**ob**		das Handballspiel pünktlich	**beginnt.**

3. Was passt?

4 Er sieht den Ball nicht kommen.

■ Er hört den Schiedsrichter nicht pfeifen.

■ Er lässt die Bratwurst fallen.

■ Er hört den Trainer schimpfen.

■ Er lässt einen Luftballon steigen.

■ Er sieht die Spieler trainieren.

Der Ball kommt.
Er sieht den Ball nicht.
Er sieht den Ball nicht kommen.

„Schlank, fit und schön"

So wünschen sich die meisten Menschen ihren Körper. Laut Umfrage einer Krankenkasse haben zwei von fünf Deutschen schon einmal eine Diät gemacht, um eine ideale Figur zu bekommen. Aber der Erfolg ist oft nur von kurzer Dauer: Fast jeder Zehnte wiegt nach einer Schlankheitskur sogar mehr als vorher. Von ihren ganz persönlichen Erfahrungen mit dem Abnehmen berichtet unsere Redakteurin Elke Widder.

Ich weiß noch genau, wie alles anfing. Es war an einem Sonntag und ich hatte Besuch von meiner Mutter. „Du magst das sicher nicht hören, aber du bist zu dick!", stellte sie nach der ersten Tasse Kaffee fest. „Willst du nicht mal etwas für deine Figur tun? So, wie du aussiehst, ist es ja kein Wunder, dass du noch keinen Mann hast." Meine Mutter war schon immer sehr direkt, aber das konnte ich mir nicht gefallen lassen. Also bestrafte ich sie, indem ich noch zwei Stück Torte aß, obwohl ich eigentlich gar keinen Appetit mehr hatte. Am nächsten Tag fragte ich meine Freundin Gisela: „Sag mal, findest du mich zu dick?" – „Ach was", antwortete sie. „Es muss ja nicht jeder so schlank sein wie ein Fotomodell. Wenn du dich wohl fühlst, ist doch alles in Ordnung." Irgendwie fand ich diese Antwort nicht sehr befriedigend. Seit der Bemerkung meiner Mutter war ich nämlich gar nicht mehr sicher, ob ich mich wirklich wohl fühlte. Und außerdem war Gisela schon immer viel dünner als ich. Also beschloss ich, ein paar Pfund abzunehmen. Ich fing an, alle möglichen Nahrungsmittel zu essen, die mir eigentlich nicht schmecken, aber die zu einer typischen Diät gehören: Obst, Salat, Gemüse, Käse ohne Fett und Wurst ohne Geschmack. Statt Limonade trank ich Mineralwasser und den Zucker im Kaffee ließ ich weg.

Nach vier Wochen wog ich zwei Kilo mehr. Das konnte ich zuerst nicht verstehen. Aber vielleicht kam es daher, dass ich nachts immer so schrecklich hungrig war und noch einmal in den Kühlschrank schauen musste. Es ist wundervoll, morgens um drei Uhr bei Kerzenlicht in der Küche zu sitzen und eine große Packung Eis zu essen – oder zwei Tafeln Schokolade. Solche Sachen schmecken nämlich noch besser, wenn man eine Diät macht.

„Das habe ich kommen sehen", sagte meine Mutter. „Soll ich dir einen Rat geben? Das Abnehmen klappt am besten, wenn man gar nichts isst. Warum machst du nicht eine Nulldiät?"

Die sollte man natürlich nicht alleine zu Hause machen, weil da die ärztliche Aufsicht fehlt. Aber meine Mutter hatte auch schon die Adresse einer Kurklinik in Norddeutschland. Für den Urlaub hatte ich ja eigentlich vor, zum Baden ans Mittelmeer zu fahren. Aber dann meldete ich mich doch in dieser Klinik an. Drei Wochen lebte ich an der Ostsee nur von Tee und dünnen Suppen.

Es war auch gar nicht so schlimm; man konnte sich tatsächlich daran gewöhnen. Und der Erfolg war fantastisch: Acht Kilo weniger. Trotzdem musste irgendwas an dieser Methode falsch sein: Es dauerte nicht einmal zwei Monate, da hatte ich das gleiche Gewicht wie vorher.

Meine Nachbarin Gerda war von meinem Misserfolg überhaupt nicht überrascht. „Das hättest du dir doch schon vorher denken können", sagte sie. „Nur durch Hungern kann man eben nicht abnehmen." Nach ihrer Überzeugung sind alle Diäten reiner Unsinn. Aber sie hat es auch leicht: Sie ist sehr sportlich und hat keine Probleme mit ihrer Figur.

„Das Wichtigste ist Sport", meinte sie. „Du brauchst vor allen Dingen Bewegung." Aber zum Turnen in einem Sportverein hatte ich keine Lust. Ich mag keine festen Termine in meiner Freizeit. Diese Entschuldigung ließ sie allerdings nicht gelten: „Warum kaufst du dir nicht ein Sportgerät? Damit kannst du ganz bequem zu Hause trainieren." Ich treibe eigentlich gar nicht gern Sport, weil ich noch nie verstanden habe, warum man ohne vernünftigen Grund schwitzen soll. Trotzdem ging ich am nächsten Tag in ein Sportgeschäft und kaufte einen Heimtrainer. Der Verkäufer riet mir, morgens und abends je eine halbe Stunde damit zu trainieren. Das Gerät, das wie ein Fahrrad ohne Räder aussieht, stellte ich in mein Schlafzimmer, weil es sonst keinen Platz in meiner kleinen Wohnung gab. Die ersten Tage liefen nach Plan, aber dann kam irgendwie immer etwas dazwischen. Morgens stand ich zu spät auf und abends war ich meistens verabredet. Oder ich war zu müde, oder es gab einen guten Film im Fernsehen. Oder ich war einfach zu faul. Jedenfalls stand das Ding nach einem Vierteljahr im Keller.

Und da steht es immer noch. Die Idee, ich müsste unbedingt abnehmen, habe ich inzwischen fallen lassen. Heute ist es mir egal, ob ich ein paar Kilo mehr oder weniger wiege. Sogar meine Mutter hat aufgehört mich zu kritisieren. Sie hat nämlich die Hoffnung, dass ich doch noch einen Ehemann bekomme. Denn seit einem halben Jahr habe ich eine feste Beziehung. Und mein Freund mag es gern, wenn Frauen nicht so mager sind. Ein dünnes Fotomodell hat er niemals haben wollen. Warum habe ich damals nicht gleich auf meine Freundin Gisela gehört?

4. Welche Zusammenfassung ist richtig? ☒

a) Elke Widder wollte ein paar Pfund abnehmen, weil ihre Freundin sie zu dick fand. Die Methode war ganz einfach: Sie durfte nur Obst und Gemüse essen. Das schmeckte ihr gut, aber sie nahm trotzdem zu. Danach machte sie am Mittelmeer eine Nulldiät und verlor dabei zehn Kilo. Um ihr Gewicht halten zu können, wollte sie anschließend viel turnen. Aber dann lernte sie ihren Freund kennen und sie musste mit dem Sport aufhören.

b) Eigentlich wollte Elke Widder gar nicht abnehmen; erst ihre Mutter brachte sie auf diese Idee. Bei ihrer ersten Diät wollte sie nur Lebensmittel essen, die gut für die Figur sind. Aber das schaffte sie nicht, weil sie nachts immer so hungrig war. Bei der nächsten Diät durfte sie drei Wochen fast gar nichts essen. Dann versuchte sie es mit einem Heimtrainer, aber ihr Trainingsplan funktionierte nicht, weil immer etwas dazwischen kam. Jetzt hat sie den Plan ganz fallen lassen und ist trotzdem zufrieden.

c) Elke Widder wollte ihre Mutter ärgern. Deshalb aß sie nachts immer Schokolade. Davon wurde sie natürlich dicker und musste eine Nulldiät machen. Nach der Diät nahm sie aber wieder zu. Deshalb meldete sie sich mit ihrer Nachbarin in einem Sportverein an. Nun geht sie abends immer zum Turnen. Ihr Freund findet das toll, denn er wollte schon immer eine sportliche Frau haben.

5. Was passt zusammen?

a) Seit der Bemerkung ihrer Mutter war Elke nicht mehr sicher, **7**

b) Nach dem Gespräch mit Gisela beschloss Elke, ▨

c) Nach ihrer ersten Diät konnte sie zunächst nicht verstehen, ▨

d) Elke verbrachte ihren Urlaub in einer Kurklinik an der Ostsee, ▨

e) Elkes Nachbarin riet ihr, ▨

f) Elke treibt nicht gern Sport, ▨

g) Jetzt ist es Elke egal, ▨

h) Heute fragt Elke sich, ▨

1. ein paar Pfund abzunehmen.
2. ob sie ein bisschen mehr oder weniger wiegt.
3. warum sie nicht gleich auf ihre Freundin gehört hat.
4. weil man dabei schwitzen muss.
5. warum sie zwei Kilo mehr wog als vorher.
6. anstatt zum Baden ans Mittelmeer zu fahren.
7. ob sie sich wirklich wohl fühlte.
8. sich ein Sportgerät zu kaufen und zu Hause zu trainieren.

Präteritum	Perfekt
Sie **konnte** es nicht verstehen.	Sie **hat** es nicht verstehen **können**.
Sie **sah** es kommen.	Sie **hat** es kommen **sehen**.
Sie **ließ** den Plan fallen.	Sie **hat** den Plan fallen **lassen**.

Verb	Nomen	
abnehmen	**das Abnehmen**	Das Abnehmen klappt am besten, wenn …
hungern	**das Hungern**	Durch Hungern kann man abnehmen.
turnen	**das Turnen**	Zum Turnen hat sie keine Lust.

6. „Was tun Sie für Ihren Körper?"

Was passt zu welcher Person? Notieren Sie: Person 1, 2 oder 3.

Person 1   Person 2   Person 3

a) Wer hat sich im Sportstudio schon beim ersten Mal eine Verletzung am Knie geholt? 1

b) Wer isst ab und zu auch mal Schokolade?

c) Wer geht dreimal pro Woche zum Schwimmen?

d) Wer hat schon von klein an viel Sport gemacht?

e) Wer sollte ein paar Kilo weniger haben?

f) Wer würde sich ohne Sport nicht wohl fühlen?

g) Wer hat mit 14 zum ersten Mal eine Diät gemacht?

h) Wer findet es schlimm, dass es so viele Vorurteile über dicke Menschen gibt?

i) Wer meint, dass man sich mit einer Diät nur das Leben schwer macht?

j) Wer sagt, dass alle immer nur vom Abnehmen reden?

k) Wer ist nicht bereit, immer nur Salat zu essen?

l) Wer isst sehr viel Obst und ist deshalb selten erkältet?

m) Wer isst ab 18.00 Uhr grundsätzlich nichts mehr?

n) Wer macht immer eine Diät, wenn die weiteste Hose nicht mehr passt?

o) Wer lässt sich zweimal pro Jahr vom Arzt untersuchen?

p) Wer meint, dass eine vernünftige Ernährung der Gesundheit am besten dient?

q) Wer ist der Überzeugung, dass man keine Tiere essen sollte?

r) Wer isst alles, was ihm schmeckt?

s) Wer hat mit 16 aufgehört, Fleisch zu essen?

einmal	zweimal	dreimal
das erste **Mal**	das zweite **Mal**	das dritte **Mal**
zum ersten **Mal**	zum zweiten **Mal**	zum dritten **Mal**

7. „Es ist bestimmt nur eine Erkältung."

Was passt zusammen?

a) Franco weiß nicht so ganz genau, 3

b) Franco kann nicht sagen, wie hoch das Fieber ist,

c) Heike erklärt ihm,

d) Franco liegt im Bett,

e) Halsschmerzen hat Franco nicht,

f) Franco erzählt Heike,

g) Franco möchte nicht,

h) Heike war bisher der Meinung,

i) Franco ist einverstanden,

1. dass er auch Husten und Schnupfen hat.

2. dass Männer viel Mut haben.

3. ob er eine Grippe oder eine Erkältung hat.

4. aber der ganze Körper tut ihm weh.

5. dass ihm der Arzt eine Spritze gibt.

6. weil er sein Thermometer nicht finden kann.

7. dass Heike ihm Medikamente aus der Apotheke bringt.

8. dass Grippe eine gefährliche Infektion sein kann.

9. weil er sich da am wohlsten fühlt.

8. „Was fehlt Ihnen denn?"

Was ist richtig? X

a) ▢ Der Patient klagt über Magenschmerzen.
   ▢ Der Patient hat Schmerzen in der Herzgegend.
b) ▢ Er hat eine Erklärung für seine Schmerzen.
   ▢ Er weiß nicht, woher seine Schmerzen kommen.
c) ▢ Er hat morgens keine Zeit zum Frühstücken.
   ▢ Er nimmt sich immer viel Zeit für das Frühstück.
d) ▢ Mittags trinkt er nur Kaffee, weil er immer unterwegs ist.
   ▢ Er isst viel zu Mittag, weil er dann immer großen Hunger hat.
e) ▢ Er isst zu Abend, wenn er nach Hause kommt.
   ▢ Abends kann er nichts essen, weil er zu müde ist.
f) ▢ Die Ärztin findet, dass er eigentlich ganz gesund lebt.
   ▢ Die Ärztin findet seine Lebensweise nicht sehr vernünftig.
g) ▢ Die Ärztin meint, dass ihm selbst klar sein müsste, woher seine Schmerzen kommen.
   ▢ Die Ärztin möchte ihm noch nicht sagen, woher seine Schmerzen kommen.
h) ▢ Die Ärztin verschreibt ihm ein Mittel gegen seine Schmerzen.
   ▢ Die Ärztin meint, dass Medikamente in seinem Fall nichts nützen.
i) ▢ Die Ärztin sagt, dass er in zwei Wochen wiederkommen soll.
   ▢ Die Ärztin sagt, dass sie jetzt eine Untersuchung machen will.

9. Wer wird Pokalsieger?

Was passt?

a) In der 88. Minute *8*
b) In der 89. Minute ▢
c) In der 90. Minute ▢
d) Im letzten Jahr ▢
e) Wegen einer Verletzung ▢
f) Im letzten Spiel der beiden Mannschaften ▢
g) Vor fünf Jahren ▢
h) Nach dem Ende des Spiels ▢

1. weint der Trainer von Kaiserslautern.
2. kann Mehmet Scholl nicht mitspielen.
3. hat der 1. FC Kaiserslautern gegen
   Bayern München verloren.
4. bekommt Basler eine gelbe Karte.
5. war Kaiserslautern der Pokalsieger.
6. war Bayern München Sieger im Pokal-Endspiel.
7. schießt Rösler ein Tor für Kaiserslautern.
8. steht das Spiel 2:2.

10. **Hören Sie und sprechen Sie nach. Achten Sie auf „v", „w", „f".**

Vier Fischer wollen im Wasser Fische fangen.
Vierzig Fische fühlen sich im Wasser wohl und warten.
Worauf warten die vierzig Fische im Wasser?
Wahrscheinlich warten die vierzig Fische im Wasser,
    bis die Fischer wieder wegfahren.

11. **Hören Sie und sprechen Sie dann frei. Achten Sie auf „f" und „pf".**

„Pfui!"
„Pfui", rief der Pfarrer.
„Pfui", rief der Pfarrer und schimpfte.
„Pfui", rief der Pfarrer und schimpfte mit dem Pferd.
„Pfui", rief der Pfarrer und schimpfte mit dem Pferd,
    das den frischen Pflaumenkuchen fraß.

12. **Hören Sie und sprechen Sie nach. Achten Sie auf „b" und „w".**

Ach!
Ach, der Bach!
Ach, wie wild ist der Bach!
Ach, wie wild ist der Bach auf dem Bild!
Ach, wie blau und wild ist der Bach auf dem Bild!

13. **Sprechen Sie nach. Achten Sie auf die Intonation.**

▲ Wie geht es Onkel Franz?
● Sie hat gefragt, wie es Onkel Franz geht.
▲ Wie lange muss er noch im Krankenhaus bleiben?
● Sie hat sich erkundigt, wie lange er noch im
   Krankenhaus bleiben muss.
▲ Darf er schon aufstehen?
● Sie will wissen, ob er schon aufstehen darf.
▲ Hat er schon Besuch bekommen?
● Sie hat gefragt, ob er schon Besuch bekommen hat.
▲ Wann kann man ihn besuchen?
● Sie hat sich erkundigt, wann man ihn besuchen kann.
▲ Was kann man ihm mitbringen?
● Sie will wissen, was man ihm mitbringen kann.
▲ Darf er Schokolade essen?
● Sie hat gefragt, ob er Schokolade essen darf.

● Hör mal, ich habe Sabine getroffen. Sie plant eine Radtour und fragt, ob wir mitkommen wollen.

■ Oh, prima. Natürlich komme ich mit. Wann soll es denn losgehen?

● Samstagmorgen.

■ Und hat sie schon eine Idee, wohin wir fahren?

● Das hat sie nicht verraten. Es soll eine Überraschung sein.

■ Aha. Hat sie denn wenigstens gesagt, wann wir wieder zurückkommen?

● Ja, am Sonntagabend.

■ Was? Dann müssen wir ja übernachten! Meinst du, dass wir in ein Hotel gehen?

● Nein. Wir sollen ein Zelt und unsere Schlafsäcke mitnehmen.

■ Oh, das wird bestimmt lustig. Weißt du denn, ob noch jemand mitkommt?

● Keine Ahnung. Das hat sie nicht gesagt.

■ Na, dann lassen wir uns mal überraschen …

14. Variieren Sie das Gespräch. Formen Sie die Fragen um.

● Herbert kennt einen schönen Badesee. Am nächsten Samstag will er uns zum Schwimmen mitnehmen.

■ Das ist ja toll! Hat er gesagt, _____ ?

● Er holt uns um sieben ab.

■ Weißt du, _____ ?

● Es ist ziemlich weit, glaube ich.

■ Hast du ihn gefragt, _____ ?

● Oh ja. Die Temperatur ist ideal zum Schwimmen.

■ Habt ihr darüber gesprochen, _____ ?

● Das brauchen wir nicht. Es gibt dort ein Restaurant.

■ Weißt du, _____ ?

● Ich glaube schon. Aber wir können ihn ja noch mal fragen.

Will er sein Boot mitnehmen?

Ist das Wasser warm?

Wie lange dauert die Fahrt?

Was nehmen wir zum Essen mit?

Um wie viel Uhr fahren wir los?

15. Hören Sie zu und schreiben Sie.

_____ _____ _____ _____ Bernd _____ _____ _____ _____ . _____ _____ _____ _____ Schlafzimmer. _____ _____ _____ , _____ _____ _____ sollte. _____ _____ _____ _____ Wände _____
_____ _____ _____ . _____ Traum _____ _____ _____ _____ _____ _____ _____ _____ . _____ _____
_____ _____ , _____ _____ _____ _____ _____ _____ _____ draußen _____ .

16. Lesen Sie die Texte und füllen Sie dann die Unfallanzeigen aus. Schreiben Sie die Texte im Perfekt.

Gerhard F. spielte mit seinem Sohn im Garten Ball. Um den Ball zu fangen, musste er rückwärts laufen. Dabei stolperte er über ein Spielzeugauto und fiel hin. Danach konnte er sein linkes Bein nicht mehr bewegen. Seine Frau rief einen Krankenwagen. In der Klinik stellte man fest, dass das Bein gebrochen war.

Gundula P. war auf dem Sportplatz und schaute der Mannschaft ihrer Tochter beim Fußballspielen zu. Plötzlich flog der Ball über den Spielfeldrand. Sie konnte ihn nicht sehen, weil sie gerade mit ihrem Sohn sprach. Der Ball traf genau ihr rechtes Auge. Es tat sehr weh und sie ging sofort nach Hause. Die Schmerzen wollten nicht aufhören und sie rief den Arzt. Er untersuchte ihr Auge und ließ sie ins Krankenhaus bringen. Dort musste man sie sofort operieren.

Wolfgang H. nahm an einem Radrennen rund um den Dümmer See teil. Er fuhr ziemlich weit hinten im Feld. Plötzlich flog ihm ein Insekt ins Auge. Deshalb ließ er den Lenker los. Dabei fiel sein Rennrad um und er stürzte direkt auf das Hinterrad. Er spürte starke Schmerzen im Rücken und er konnte nicht wieder aufstehen. Der Mannschaftsarzt kam sofort und behandelte ihn. Dann brachte man ihn in die Sportklinik nach Osnabrück.

Gloria-Versicherungen AG
Krankenversicherungen – Unfallversicherungen –
Lebensversicherungen

Unfallanzeige

Beschreiben Sie bitte:
Unfallhergang, Unfallursache, Art der Verletzung

Versicherungsnummer: 227.503.08-15

Name des Versicherten: Gerhard Friederichs

☐ Berufsunfall   ☒ Freizeitunfall

Datum des Unfalls: 24. 06. 2001

Ort des Unfalls: Brockum

Ich habe mit meinem Sohn im Garten Ball gespielt. Um den Ball zu fangen, habe ich rückwärts laufen _____ . Dabei bin ich über ein Spielzeugauto _____
und _____ . Danach habe ich mein linkes Bein nicht mehr _____ .
Meine Frau hat einen Krankenwagen _____ . In der Klinik hat man
_____ , dass das Bein gebrochen war.

Weserland GmbH
Versicherungsgesellschaft

Bericht für die Unfallversicherung

Genaue Angaben zu:
Unfallhergang, Unfallursache, Verletzung

Versicherungsnummer: *898–26/301/17*

Name des Versicherten: *Gundula Pfeiffer*

☐ Arbeitsunfall   ☒ Freizeitunfall

Datum des Unfalls: *24. 06. 2001*

Ort des Unfalls: *Diepholz*

Ich war auf dem Sportplatz und habe der Mannschaft meiner Tochter _____
_____. *Plötzlich ist der Ball* _____
_____. *Ich habe ihn nicht* _____, *weil ich gerade*
_____. *Der Ball hat genau* _____
_____. *Es hat sehr* _____ *und ich bin sofort* _____
_____. *Die Schmerzen haben nicht* _____ *und ich habe*
_____. *Er hat* _____ *und mich*
_____. *Dort hat man mich sofort* _____ _____.

Norddeutsche Vereinsversicherung
Die Versicherung der Sportvereine

UNFALLANZEIGE

Name des Sportvereins: *Radfreunde Damme e.V.*

Versichertes Mitglied: *Wolfgang Hausmann*

Datum des Unfalls: *25. 06. 2001*

Unfallort: *Lembruch*

Ich habe an einem Radrennen _____.
Ich bin ziemlich _____.
Plötzlich _____.
Deshalb _____.
Dabei _____, *und ich*
_____.
Ich habe starke _____
und ich habe nicht _____.
Der Mannschaftsarzt _____ *und*
_____.
Dann hat man _____.

1. Was wird hier gerade gemacht?

Im ersten Stock *wird die Treppe geputzt.*
Im Erdgeschoss *wird ein Loch in die Wand gebohrt.*
Im Keller *wird ein Schild angebracht.*

a) In der Arztpraxis 3
b) Auf dem Dach
c) Am Tor
d) Auf dem Fensterbrett
e) Auf dem Balkon
f) An der Haustür
g) In der Wohnung im ersten Stock
h) Auf dem Dachboden
i) Im Büro im ersten Stock
j) Im Keller
k) In der Autowerkstatt

1. wird eine Waschmaschine angeschlossen.
2. wird telefoniert.
3. wird ein Kind untersucht.
4. werden Pakete ausgeladen.
5. wird Wäsche zum Trocknen aufgehängt.
6. werden Vögel gefüttert.
7. wird gefeiert.
8. werden Blumen gegossen.
9. wird eine Antenne montiert.
10. wird eine alte Dame abgeholt.
11. werden die Fenster gestrichen.

	Passiv	
Die Treppe	**wird geputzt**.	(Jemand putzt die Treppe.)
Die Fenster	**werden gestrichen**.	(Jemand streicht die Fenster.)

2. Was passt?

a) Auf dem Dachboden

b) In der Autowerkstatt

c) Im Treppenhaus

d) Im Büro im ersten Stock

e) In der Arztpraxis

f) In der Wohnung im ersten Stock

g) Vor dem Tor

h) Im Keller

1. darf nicht geparkt werden.
2. muss ein Stuhl repariert werden.
3. kann nicht geduscht werden.
4. muss ein Reifen gewechselt werden.
5. muss die Wasserleitung repariert werden.
6. muss eine Glühbirne gewechselt werden.
7. darf nicht gespielt werden.
8. kann die Toilette nicht benutzt werden.

Die Wasserleitung **wird** repariert.
Die Wasserleitung **muss** repariert **werden**.

Erfolgs-Geschichten

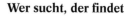

Die Idee kam im Bett

Die Idee kam Heiner S. ganz spontan an einem schönen Sonntagmorgen, als der arbeitslose Fernsehmechaniker neben seiner Freundin aufwachte. „Wenn uns jetzt ein richtiges Luxusfrühstück ans Bett gebracht würde – das wäre toll!" dachte er. Aber natürlich kam niemand und sein Kühlschrank war leider auch leer.

Hungrig, aber mit einem verrückten Plan im Kopf weckte er seine Freundin. Sie war sofort von seiner Idee begeistert. In den folgenden Wochen besuchten sie zusammen Bäckereien und Lebensmittelmärkte, entwarfen Anzeigen und beantragten einen Kredit bei der Bank.

Ein halbes Jahr später war es so weit: Heiner S. und Petra F. eröffneten ihren Frühstücksservice. Anruf genügt – und nach ca. einer halben Stunde wird ein ausgezeichnetes Frühstück bis ans Bett geliefert. Zwischen vier Angeboten können die Kunden wählen: „Romantisch" (mit Kerzen und kleinen Törtchen), „Englisch" (mit Eiern und Schinken), „Gesund" (mit frischem Obst und Säften) und „Luxuriös" (mit Champagner und Kaviar). Die Nachfrage ist groß und das Geschäft blüht. „An Feiertagen, wenn die Leute lange im Bett bleiben können, haben wir die meiste Arbeit," sagt Heiner S. „Viele Kunden leisten sich das Luxusfrühstück zum Geburtstag oder als Überraschung zum Hochzeitstag. Wenn es gewünscht wird, bringen wir auch einen Blumenstrauß mit."

Viele junge Leute träumen davon, ihr eigener Chef zu sein. Manche versuchen es und haben Pech. Einige schaffen den Sprung in die Selbstständigkeit. Was dazu gehört? – **Eine gute Idee, ein bisschen Mut, ein bisschen Glück**. Während in der Industrie immer mehr klassische Arbeitsplätze verloren gehen, haben ungewöhnliche Geschäftsideen für Dienstleistungen gute Aussichten auf Erfolg.

Wer sucht, der findet

Ein typischer Tag für Angela M.: Während das Telefon zum ersten Mal klingelt, ist das erste Fax des Tages schon angekommen und der Computer hat die elektronische Post heruntergeladen. Anrufe, Faxe und E-Mails kommen von Menschen, die ungewöhnliche Gegenstände suchen. Für diese Fälle bietet Angela M. ihre Dienste an: Sie vermittelt Sachen, die schwer zu finden sind.

Zuerst sucht sie die einfachen Aufgaben heraus: Ein junger Mann braucht eine Nadel für einen Plattenspieler, der schon seit Jahren nicht mehr produziert wird. – Ein Geschäftsmann sucht ein originelles Geschenk für seinen japanischen Partner. – Eine Hausfrau hätte gerne eine Gebrauchsanweisung für die Küchenmaschine, die sie auf dem Flohmarkt gekauft hat.

Kein Problem. Für solche Dinge hat Angela ihre Quellen. Schwieriger wird es schon bei den folgenden Anfragen: Ein Architekt sucht den Plan eines Gebäudes, das im Krieg zerstört worden ist. – Ein Autosammler sucht ein wertvolles VW-Modell, von dem insgesamt nur 15 Stück hergestellt worden sind. – Eine Dame möchte gern ein Paar Schuhe haben, das schon von der englischen Königin getragen wurde.

Wie und wo findet man solche Sachen? „Meine wichtigsten Werkzeuge sind Telefon und Computer", sagt Angela M. Inzwischen besitzt sie eine riesige Datenbank mit Adressen von Spezial-Geschäften rund um die ganze Welt. Und ihre Regale enthalten zahlreiche Sonderkataloge aus Handel und Industrie.

Normalerweise werden die Waren, die sie findet, von ihr nicht gekauft, sondern nur vermittelt. Deshalb braucht sie wenig eigenes Kapital. Ihre Honorare berechnet sie nach der Schwierigkeit des Auftrags. Zunächst zahlt der Kunde eine Gebühr. Sobald sie eine Anfrage befriedigen kann, bekommt der Kunde eine Rechnung.

● Endlich Feierabend! Können wir gehen?

■ Ja, gleich. Ich will nur noch nachsehen, ob alle Fenster zu sind.

● Das brauchen Sie nicht. Die Fenster sind alle geschlossen.

■ Gut. Da fällt mir noch ein: Haben Sie an die Rechnungen gedacht?

● Ja, ja. Die sind überwiesen. Ich war vorhin auf der Bank.

■ Sehr gut. Dann können wir jetzt gehen. Was ist mit der Alarmanlage?

● Keine Sorge. Die ist schon eingeschaltet.

■ Prima. Aber die Post nehmen wir noch mit. Sind die Briefe frankiert?

● Tut mir leid, die habe ich noch gar nicht geschrieben. Das mache ich morgen.

■ In Ordnung. Dann kommen Sie gut nach Hause!

10. Ein zweites Gespräch.

Finden Sie eine Reihenfolge.

☐ Dann ist ja wohl alles vorbereitet.

☐ Nein, bestimmt nicht, sie sind korrigiert. Das habe ich heute Morgen gemacht.

☐ Das ist nicht mehr nötig. Der Tisch ist gedeckt.

1 Die Konferenz beginnt in einer Viertelstunde. Haben wir die Verträge fertig?

☐ Ja, die sind kopiert und liegen bereit.

☐ Der Kaffee ist schon gekocht. Wir brauchen aber noch Saft und Mineralwasser.

☐ Gut, dass du daran gedacht hast. Jetzt müssen wir noch für die Getränke sorgen.

☐ Ich hole gleich ein paar Flaschen. Könntest du in der Zeit Tassen und Gläser hinstellen?

☐ Ich habe sie gar nicht mehr gelesen. Hoffentlich sind keine Fehler mehr drin.

Aktion:	Die Fenster **werden geschlossen**.
Ergebnis:	Die Fenster **sind geschlossen**.
	(Die Fenster sind zu.)

11. **Hören Sie zu und schreiben Sie.**

___ ___ ___ ___ Geburtstagsfeier _____ . ___ _____ ___ ___

___ ___ ___ Kerzen _____ _____ . ___ _____ _____ , ___ ___

Geschenke _____ ___ _____ _____ ___ . _____ Grußkarte ___ ___ ___

_____ . ___ ___ ___ ___ ___ Sekretärin _____ .

12. **Die Eibrot-Fabrik**

Setzen Sie die Verben im Passiv ein.

1. Wenn alle Hühner ein Ei gelegt haben, _werden_ die Eier zu einem großen Becken _transportiert_.

2. Dort _____ jedes Ei _____.

3. Wenn die Eier gewaschen sind, _____ sie zum Kochtopf _____.

4. Dann _____ die Eier ins heiße Wasser _____.

5. Nach acht Minuten _____ sie _____. Dann _____ sie aus dem heißen Wasser _____.

6. Danach _____ sie mit kaltem Wasser _____.

transportiert werden — gewaschen werden — geworfen werden — geholt werden — gefahren werden — gekocht sein — geduscht werden

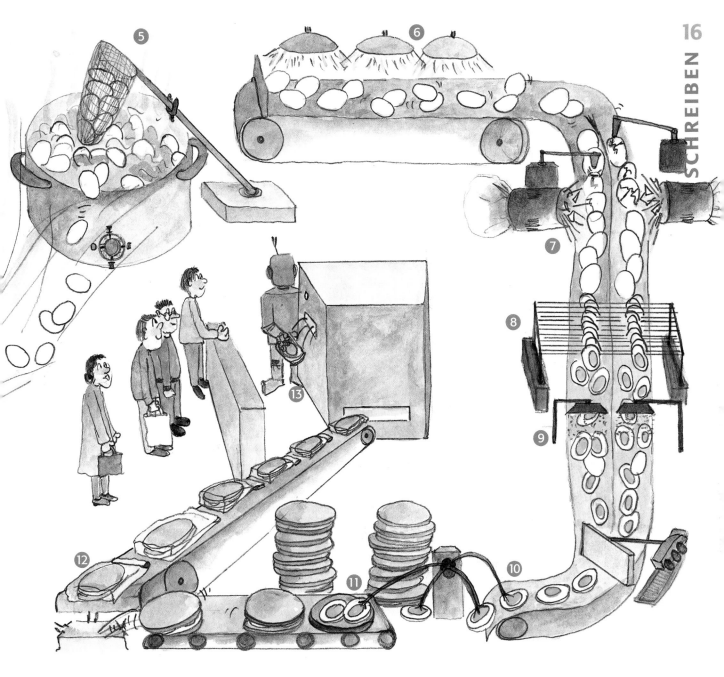

7. Anschließend _____ die Eier _____.

8. Dann _____ sie in Scheiben _____.

9. Danach _____ die Eischeiben _____.

10. Anschließend _____ sie zu den Butterbroten _____.

11. Die Butterbrote _____ mit den Eischeiben _____.

12. Wenn sie fertig sind, _____ die Eibrote in Tüten _____.

13. Zum Schluss _____ die Eibrote von einem Roboter _____.

geschnitten werden   gesalzen werden

verkauft werden   geschält werden   eingepackt werden   belegt werden   geschoben werden

1.   Cartoons: „Menschen im Regen" – Was passt?

a) Er hat zwar einen Regenschirm, 3

b) Er kann weder den Fisch braten ☐

c) Sie muss entweder durch die Pfütze laufen ☐

d) Er schützt seinen Kaktus nicht nur vor dem Regen, ☐

1. oder sie muss zurückgehen.

2. noch kann er die Zeitung lesen.

3. aber er wird trotzdem nass.

4. sondern er malt ihm auch eine Sonne.

2.   Cartoons: „Die einsame Insel" – Ergänzen Sie.

a) Er muss _____ mit dem Tiger
kämpfen, _____ er muss auf die
Palme klettern.

b) Er hat _____ viele Dosen mit
Lebensmitteln, _____ er kann sie
nicht öffnen.

c) Jetzt hat er _____ ein Hemd,
_____ hat er einen Hut.

d) Jetzt hat er _____ eine Dusche, _____ eine
Badewanne.

nicht nur …, sondern auch   zwar …, aber   entweder … oder   weder … noch

3. Witze aus einer Illustrierten. – Was passt?

a) Gerd sitzt vor dem Fernseher, als seine Frau aufgeregt ruft: „Komm schnell! Das Baby isst die Zeitung!" – 4

b) Der kleine Stefan kommt am letzten Tag vor den Ferien aus der Schule nach Hause. „Sag mal", fragt die Mutter, „hast du kein Zeugnis bekommen?" – „Doch, aber das hat Kurt." – „Nanu, hat er es dir weggenommen?" –

c) Der Kassierer an der Kinokasse: „Jetzt kaufen Sie schon zum dritten Mal eine Eintrittskarte ..." –

d) Auf einer Betriebsfeier. Die Sekretärin sagt zum Buchhalter: „Sie haben wohl gar keinen Humor. Sie waren der einzige, der nicht gelacht hat, als der Chef vorhin einen Witz erzählt hat ..." –

1. „Ich kann es mir leisten. Ich habe gestern gekündigt."
2. „Was soll ich machen? Der Mann am Eingang zerreißt sie mir immer!"
3. „Soll ich es Ihnen einpacken oder will er es gleich hier kaputtmachen?"
4. „Du kannst sie ihm ruhig lassen. Sie ist von gestern ..."
5. „Nein, ich habe es ihm geliehen. Er will seine Eltern damit erschrecken ..."

4. Noch mehr Witze. – Ergänzen Sie.

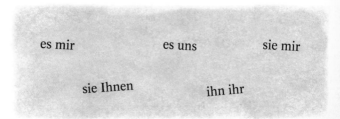

es mir   es uns   sie mir

sie Ihnen   ihn ihr

a) „Du darfst dir eine Hand voll Bonbons aus der Tüte nehmen." – „Könntest du _____ _____ nicht geben? Du hast so schön große Hände ..."

b) „Hans!" ruft Frau Neumann von der Haustür ins Wohnzimmer. „Hier ist eine Dame, die für das neue Schwimmbad sammelt." – „Na schön, dann hol einen Eimer Wasser und gib _____ _____ ..."

c) „Angeklagter, und jetzt beschreiben Sie uns mal in allen Einzelheiten die Methode, mit der Sie in die Bank eingebrochen sind." – „Aber Herr Richter!" antwortet der Angeklagte. „Ich kann _____ _____ doch nicht beschreiben, während meine ganze Konkurrenz hier im Saal sitzt ..."

d) Der Polizist stoppt Herrn Maier: „Sie sind zu schnell gefahren. Wir haben gerade ein Foto von Ihnen gemacht." – „Schön, wenn Sie es entwickelt haben, schicken Sie _____ _____ doch bitte."

e) Ein Ehepaar fragt in einem Hotel nach einem Doppelzimmer, aber es ist keins mehr frei. „Aber wenn jetzt der Bundeskanzler käme, dann hätten Sie doch bestimmt noch ein Zimmer für ihn, oder?" fragt der Ehemann. „Ja, dann natürlich", antwortet der Portier. – „Na bitte. Dann geben Sie _____ _____ doch. Der Bundeskanzler kommt heute nicht!"

	Akkusativ	Dativ
Er zeigt	es	ihm.
Er gibt	sie	ihr.
Er bringt	es	ihnen.

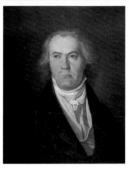

Ludwig van Beethoven
*(1770–1827), Organist in
Bonn. Ab 1792 Kompo-
nist, Pianist und Dirigent
in Wien*

Georg Hellmesberger
*(1800–1873), Violinist,
Komponist, Dirigent der
Wiener Philharmoniker*

Gustav Mahler
*(1860–1911), Komponist,
Direktor der Wiener Hof-
oper, Dirigent der New
Yorker Philharmoniker und
der Metropolitan Opera*

Leo Slezak
*(1873–1946), Opernsänger
in Wien, London, Paris
und New York; ab 1934
Filmschauspieler in komi-
schen Rollen*

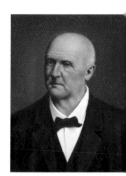

Anton Bruckner
*(1824–1896), Komponist,
Organist, Professor für
Komposition in Wien*

Große Meister –
kleine Schwächen

Ludwig van Beethoven betrat ein Wiener Gasthaus, in
dem er schon oft zu Mittag
gegessen hatte. Er nahm an
einem freien Tisch Platz und
rief nach der Kellnerin.
Nachdem er eine Weile ge-
wartet hatte, zog er sein
Notenpapier aus der Tasche
und begann eine Melodie
aufzuschreiben, die ihm gerade eingefallen war. Schließlich kam die Kellnerin. Als
sie jedoch sah, dass der Gast
ganz mit dem Komponieren
beschäftigt war, wollte sie
ihn nicht stören und ent-
fernte sich wieder. Beethoven schrieb und schrieb. Die
Bedienung schaute immer
wieder zu ihm hinüber, doch
er schien weder etwas zu
sehen noch zu hören. Nachdem schließlich mehr als
eine Stunde vergangen war,
sah Beethoven zufrieden von
seinen Noten auf und rief:
„Ich möchte zahlen. Die
Rechnung, bitte!"

Georg Hellmesberger war
dafür bekannt, dass er gern
Süßes aß. Häufig wurde er
deshalb zu Kaffee und Ku-
chen eingeladen. Eines Nachmittags saß er wieder einmal an einem gemütlichen
Kaffeetisch. Die schönsten
Torten wurden serviert und
es schmeckte ihm vorzüg-
lich. Nachdem er sein drittes
Stück gegessen hatte, fragte
die Gastgeberin: „Ach, ver-
ehrter Meister, warum haben
Sie denn heute ihr wunder-
bares Instrument nicht mit-
gebracht?" Der antwortete
höflich: „Meine Geige lässt
sich entschuldigen. Sie mag
weder Kaffee noch Kuchen."

In der Öffentlichkeit trat
Gustav Mahler zwar stets
souverän und selbstbewusst
auf, aber in den praktischen
Dingen des Lebens war er
meistens hilflos und von seiner Frau abhängig. Eines
Morgens wachte er mit Zahnschmerzen auf. Diese wur-
den schließlich so stark, dass
seine Frau ihn zum Zahnarzt
brachte. Nachdem Mahler
im Behandlungsraum ver-
schwunden war, trat sie ins
Wartezimmer. Kaum hatte sie
sich hingesetzt, da ging die
Tür auf und ihr Mann stand
wieder vor ihr. „Alma!", fragte er, „welcher Zahn tut mir
eigentlich weh?"

Leo Slezak wollte mit seiner
Frau ans Meer fahren. Als sie
am Bahnhof angekommen
waren, schaute er nach-
denklich die vielen Gepäck-
stücke an, die der Taxifahrer
ausgeladen hatte. Dann dreh-
te er sich zu seiner Frau um
und sagte: „Wir haben sieben Koffer, drei Reisetaschen
und fünf Hutschachteln
dabei. Wir haben nur ver-
gessen, den Schreibtisch mitzunehmen." Sie sah ihn ver-
wundert an: „Wieso den
Schreibtisch?" – „Weißt du",
sagte er, „ich habe nämlich
unsere Fahrkarten darauf
liegen lassen."

Mit seiner Köchin hatte **Anton Bruckner** ständig Streit. Vor
allem fand er ihre Speisen stets zu wenig gewürzt. Eines
Morgens brachte sie ihm zum Frühstück ein weich gekoch-
tes Ei. Als Bruckner es aufgeschlagen und probiert hatte,
beschwerte er sich: „Das hab' ich mir doch gleich gedacht.
Schon wieder nicht gesalzen!"

Herbert von Karajan (1908–1989), Dirigent der Wiener Philharmoniker; musikalischer Leiter der Berliner Philharmoniker auf Lebenszeit; Leiter der Wiener Oper und der Salzburger Festspiele

Für **Herbert von Karajan** hatte man ein Taxi zur Wiener Oper bestellt. Der Fahrer musste über eine halbe Stunde warten, bevor er den Meister schließlich mit eiligen Schritten aus dem Opernhaus kommen sah. Rasch stieg er aus und riss ihm die Wagentür auf. Nachdem der Dirigent auf dem Rücksitz Platz genommen hatte, startete der Taxifahrer den Motor und sah seinen prominenten Fahrgast fragend an. Aber der brummte nur ungeduldig: „Mann, worauf warten Sie noch?" – „Ja, wohin woll'n S' denn, Herr Direktor?", erkundigte sich der Taxifahrer höflich. „Ganz egal!", rief Karajan nervös. „Zum Dirigieren erwartet man mich überall!"

5. Was ist richtig? X

a) ☐ Ludwig van Beethoven saß in einem Gasthaus. Aber die Kellnerin kam nicht sofort, obwohl er nach ihr rief.

☐ Ludwig van Beethoven betrat ein Gasthaus, in dem er schon oft zu Mittag gegessen hatte, und bestellte sein Lieblingsgericht.

☐ Ludwig van Beethoven saß in einem Gasthaus und begann zu komponieren. Da setzte die Kellnerin sich zu ihm.

b) ☐ Gustav Mahler hatte so starke Zahnschmerzen, dass seine Frau mit ihm zum Zahnarzt ging.

☐ Obwohl Gustav Mahler starke Zahnschmerzen hatte, wollte er nicht zum Zahnarzt gehen.

☐ Gustav Mahler ging mit seiner Frau zum Zahnarzt, weil sie starke Zahnschmerzen hatte.

c) ☐ Für Herbert von Karajan war ein Taxi bestellt worden. Der Dirigent kam schließlich, stieg aber nicht ein.

☐ Herbert von Karajan musste eine halbe Stunde warten, bis er endlich abgeholt wurde.

☐ Ein Taxifahrer hatte eine halbe Stunde auf Herbert von Karajan gewartet. Schließlich kam der berühmte Fahrgast aus der Oper.

6. Was ist richtig? X

a) ☐ Georg Hellmesberger hatte seine Geige zu Hause gelassen. Offenbar wollte er auf der Einladung nichts vorspielen.

☐ Georg Hellmesberger hatte zwar seine Geige dabei, wollte aber nichts vorspielen.

b) ☐ Anton Bruckner hatte recht, sich darüber zu beschweren, dass das Ei nicht gesalzen war, denn seine Köchin würzte die Speisen nie genug.

☐ Anton Bruckner hatte nicht recht, sich zu beschweren. Denn ein Ei, das noch nicht geöffnet ist, kann nicht gesalzen sein.

c) ☐ Leo Slezak hatte geplant, den Schreibtisch auf die Reise mitzunehmen.

☐ Leo Slezak machte sich darüber lustig, dass er das Wichtigste vergessen hatte.

	warten	gehen
Perfekt:	Er **hat gewartet**	Er **ist gegangen**
Plusquamperfekt:	Er **hatte gewartet**	Er **war gegangen**

7. „Den verstehe ich nicht." Hören Sie drei Witze, die auf einer Party erzählt werden.

Ergänzen Sie.

a) Zwei Tiere begegnen sich in einem Wald und fragen
sich gegenseitig, was für Tiere sie sind. Das eine Tier ist
ein _____ : Sein Vater ist ein _____ und seine
Mutter eine _____. Das andere Tier sagt, dass es ein
_____ ist. Aber sein neuer Bekannter glaubt ihm
das nicht.

b) Ein kleiner _____ und seine Mutter gehen bei großer
Kälte am Nordpol spazieren. Auf einmal will der Kleine
wissen, ob seine _____ und seine _____ auch
_____ waren. Die Mutter bestätigt ihm das. Aber es
ist ihm egal, weil er trotzdem friert.

c) Ein _____ und seine Kinder werden nachts im
Garten von einer _____ überrascht. Der Vater schreit:
„Wau, wau wau!" – und sie sind gerettet. Die kleinen
_____ haben dadurch gelernt, wie wichtig _____
sind. Ihr Vater hatte ihnen das schon oft gesagt.

> Wolfshund   Großeltern   Mäuse
> Eisbär   Eisbären
> Eisbär   Mäusevater   Wolf   Fremdsprachen
> Hündin   Katze   Ameisenbär
> Urgroßeltern

	Dativ	Akkusativ
Er glaubt	**ihm**	**das** nicht.
Sie bestätigt	**ihm**	**das**.
Er hat	**ihnen**	**das** schon oft gesagt.

8. Ein Aprilscherz

Richtig (r) oder falsch (f)?
a) r Monika will ihre Haare blond färben.
b) ☐ Martin möchte, dass Monika ihre Haare grün färbt.
c) ☐ Monika sucht das Shampoo; Martin bringt es ihr.
d) ☐ Monika sagt: „Ich brauche den Föhn. Bringst du mir den mal?"
e) ☐ Nachdem Monika ihre Haare gewaschen hat, föhnt Martin sie ihr.
f) ☐ Martin sagt: „ Was ist mit deinen Haaren? Die hast du dir
       ja grün gefärbt!"
g) ☐ Monika schaut sich ihre grünen Haare im Spiegel an.
h) ☐ Monika ist froh, dass Martin nur einen Scherz gemacht hat.

	Dativ	Akkusativ
Ich brauche den Föhn. Bringst du	**mir**	**den?**

	Akkusativ	Dativ
Ich brauche den Föhn. Bringst du	**ihn**	**mir?**

9. Hören Sie drei Sketche. Richtig (r) oder falsch (f)?

a) f Marta kann nicht schlafen, weil Hugo so laut schnarcht.

    Hugo wacht auf, weil die Musik der Nachbarn so laut ist.

    Hugo soll zu den Nachbarn gehen und sie bitten, die Musik leiser zu stellen.

    Hugo ruft die Nachbarn an und sagt es ihnen.

    Am Schluss ist die Musik immer noch zu laut.

    Die Nachbarn haben Hugo nicht verstanden, weil sie nicht Deutsch sprechen.

b)   Der Gast bestellt eine Tomatensuppe.

    Der Kellner bringt sie ihm.

    Die Suppe schmeckt dem Gast nicht.

    Der Kellner empfiehlt ihm eine andere Suppe.

    Dem Gast fehlen Salz und Pfeffer.

    Dem Gast fehlt ein Messer.

c)   Gerade hat jemand für Kurt angerufen, aber Kurt war nicht da.

    Der Anrufer hat seinen Namen nicht gesagt.

    Kurt soll sich sofort bei dem Anrufer melden.

    Die Telefonnummer ist 87 78 48.

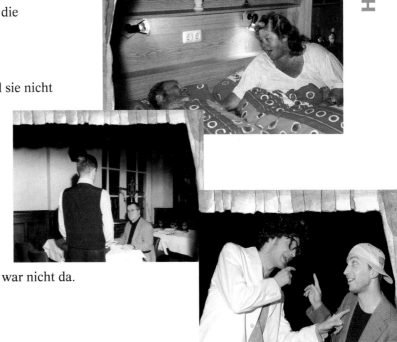

10. „Den Witz kannst du auf keinen Fall erzählen!"

a) Was passt?

Robert kennt einen Witz ...
  a) über eine blonde Ehefrau, 4 C
  b) über einen Mann,
  c) über einen Pfarrer,
  d) über einen CDU-Politiker,
  e) über einen Ehemann,

1. der sonntags immer zu spät in die Kirche kommt, A dass er nur noch drei Tage zu leben hat.
2. der den Verdacht hat, B weil er erst den Wein probiert.
3. der immer eine rote Krawatte anzieht, C damit sie endlich weich werden.
4. die die Frühstückseier eine Stunde kocht, D bevor er mit seiner Frau ins Bett geht.
5. dem sein Arzt mitteilt, E dass seine Frau die Grünen wählt.

b) Was passt?

a) Robert soll eine kleine Rede halten, 2   1. weil das bestimmt niemand lustig findet.
b) Robert soll keine Sexwitze erzählen,   2. weil er am längsten in der Abteilung ist.
c) Robert soll sich vor schwarzem Humor hüten, 3. weil sich die blonden Frauen darüber ärgern.
d) Robert soll keinesfalls etwas Politisches sagen, 4. weil sein Kollege Hilfe anbietet.
e) Robert soll die Kirche aus dem Spiel lassen, 5. weil es darüber sowieso immer Streit gibt.
f) Robert soll auf Blondinenwitze verzichten, 6. weil Kinder auf der Feier sind.
g) Robert soll nicht den Mut verlieren, 7. weil die Frau vom Chef in diesen Dingen so empfindlich ist.

11. **Sprechen Sie nach.**
Achten Sie auf „m" und „n".

dem oder den?	meinem oder meinen?
wem oder wen?	deinem oder deinen?
einem oder einen?	seinem oder seinen?

12. **Sprechen Sie nach.**

Sie bringt dem Gast die Milch ans Bett
und stellt sie ihm auf ein Tablett.

Er pflückt ihr einen Blumenstrauß
und legt ihn ihr vors Gartenhaus.

Er holt der Frau die neue Maus
und packt sie ihr dann auch gleich aus.

Sie nimmt ein Schokoladenschwein
und packt es ihm dann sehr hübsch ein.

13. **„Zungenbrecher"**

Brautkleid bleibt Brautkleid und Blaukraut bleibt Blaukraut.

Fischers Fritz fischt frische Fische.

Zweiundzwanzig Ziegen zogen zweiundzwanzig Zentner
Zucker zum Zoo.

Wir würden weiße Wäsche waschen, wenn wir wüssten,
wo warmes Wasser ist.

Es klapperten die Klapperschlangen,
bis ihre Klappern schlapper klangen.

Beim Flachdach ist das Dach flach.

Kleine Kinder können keine Kirschkerne knacken.

● Stellen Sie sich vor, was mir gestern passiert ist!

■ Erzählen Sie doch mal!

● Es war acht Uhr, und ich hatte gerade gebadet und es mir vor dem Fernseher gemütlich gemacht. Da klingelte es.

■ Ach. Haben Sie Besuch bekommen?

● Das kann man wohl sagen. Alle meine Freunde standen vor der Tür, mit Blumen und Geschenken. Sie wollten meinen Geburtstag feiern.

■ Eine Überraschungsparty?

● Nein, nein. Ich hatte sie ja eingeladen – aber erst für nächste Woche.

■ Warum sind sie dann gestern schon gekommen?

● Na ja – ich hatte aus Versehen das falsche Datum auf die Einladungen geschrieben.

■ Oh wie peinlich! Sind Ihre Freunde wieder nach Hause gegangen?

● Natürlich nicht. Aber ich hatte ja nichts vorbereitet: Nichts zu essen und keine Getränke im Haus.

■ Und was haben Sie da gemacht?

● Ich habe den Pizza-Service angerufen, Getränke haben wir von der Tankstelle geholt. Und dann haben wir bis vier Uhr morgens gefeiert.

■ Das war sicher sehr lustig …

14. Variieren Sie das Gespräch

● Vorgestern ist mir etwas Verrücktes passiert.

● Es war … Uhr, und ich hatte gerade | geduscht. | gegessen.

Da klopfte es.

● Nicht nur einer! Vierzehn Bekannte standen draußen, weil sie mit mir meine Prüfung feiern wollten.

● Eigentlich nicht. Ich hatte die Feier geplant, aber erst für nächsten Samstag.

● Genau. Aber es war | mein Fehler, | meine Schuld,

weil ich den falschen Tag in die Einladung geschrieben hatte.

● Ach was.
Aber meine Gäste hatten natürlich | Hunger. | Durst.

● Ich habe Bratwurst vom Imbiss geholt. Wir hatten alle großen Spaß.

■ So? Was war denn los?

■ Stand | ein Freund | ein Besucher | vor der Tür?

■ Das sollte wohl | eine Überraschung | ein Scherz | sein?

■ Dann war das ein Missverständnis, oder?

■ Tolle Situation! Hast du alle wieder weggeschickt?

■ Und?
Hast du | Dosen aufgemacht? | noch etwas einkaufen können?

■ So eine Party möchte ich auch mal erleben!

15. **Hören Sie zu und schreiben Sie.**

Ich _____ _____ _____ , _____ _____ _____ .
Draußen _____ _____ _____ . _____ , _____ Wort __
_____ . _____ Datum ___ . _____
_____ April _____ . Nur _____ .

16. **Redensarten und ihre Bedeutung. – Ergänzen Sie.**

Gestern konnte ich meinen Auto-schlüssel nicht finden. *Nachdem ich das ganze Haus auf den Kopf gestellt hatte*, fand ich ihn schließlich: Unser Papagei hatte ihn in seinem Käfig.

das ganze Haus
auf den Kopf stellen

Nachdem ich überall im Haus verzweifelt gesucht hatte, ...

Letzte Woche waren wir zu einem Ge-burtstag eingeladen. Die Gäste waren in eleganter Kleidung gekommen. *Nur Karl war mal wieder aus der Reihe ge-tanzt.* Er hatte einen Jogging-Anzug angezogen, einen neuen.

aus der Reihe tanzen

Nur Karl hatte mal wieder

Letzten Mittwoch hatte der Professor uns eine Stunde lang seine neue Theo-rie vorgestellt, aber *ich hatte nur Bahn-hof verstanden.* Nach der Vorlesung war ich froh, dass meine Freundin sie mir mit verständlichen Worten er-klären konnte.

nur Bahnhof verstehen

..., aber ich

total überrascht sein
überhaupt nichts verstehen

aus allen Wolken fallen

Vorgestern klingelte es an meiner Tür. Als ich öffnete, stand draußen ein alter Schulfreund mit einem wundervollen Blumenstrauß. *Da bin ich aus allen Wolken gefallen.*

Da

Tomaten auf den Augen haben

Vor einer Woche suchte ich überall meinen Schlüssel. Schließlich sah ich ihn: Er hing an meiner Hose. *Ich hatte die ganze Zeit Tomaten auf den Augen gehabt.*

Ich hatte ihn

sich die Beine in den Bauch stehen

Kürzlich wollte ich ein Paket aufgeben. Ich musste Schlange stehen. *Nachdem ich mir eine halbe Stunde lang die Beine in den Bauch gestanden hatte,* bemerkte ich schließlich, dass ich am falschen Schalter war.

Nachdem ich

auf die Pauke hauen

In der Nacht

Letztes Wochenende hatte ein Nachbar Geburtstag. Die Gäste gingen erst früh am Morgen. *In der Nacht hatten sie ganz schön auf die Pauke gehauen.*

zwei Fliegen mit einer Klappe schlagen

Eigentlich wollte ich nur meinen Rasierapparat zur Reparatur bringen, aber meine Frau meinte: „Nimm doch gleich den kaputten Fernseher mit. Dann braucht der Mechaniker nicht zu kommen." Nun wiegt der Fernseher zwar ein bisschen mehr als der Rasierapparat, aber sie hatte ja recht. *So konnte ich zwei Fliegen mit einer Klappe schlagen.*

So konnte ich

zwei Dinge auf einmal erledigen   laut und fröhlich feiern

lles anders machen als die Anderen   sehr lange warten   überall im Haus ~~verzweifelt~~ suchen   einfach nicht sehen können

1. **Welche Antworten passen zu den Fragen des Bundeskanzlers?**

a) Wie gehen die Wahlen im September aus? ▢
b) Bin ich in zehn Jahren immer noch Bundeskanzler? ▢
c) Wird die Koalition halten? ▢
d) Geht die Arbeitslosigkeit bald zurück? ▢
e) Bleiben die Preise stabil? ▢
f) Was werde ich auf meiner Reise nach Neuseeland
   erleben? ▢
g) Werde ich endlich einen Preis bekommen? ▢
h) Gibt es meine Partei in 50 Jahren noch? ▢
i) Bleibt meine Ehe glücklich? ▢
j) Werde ich bald Großvater? ▢

1. Wegen Ihrer modischen Anzüge wird eine Zeitschrift
   Sie zum elegantesten Mann des Jahres wählen.
2. Ja, aber sie wird einen anderen Namen haben.
3. Die Zinsen werden steigen, aber die Inflation wird auf
   0,5 Prozent sinken.
4. Sie werden in Auckland vom Ministerpräsidenten ein
   Schaf geschenkt bekommen.
5. Es wird Streit in der Regierung geben, der Außenminister wird zurücktreten und Sie werden sich nach
   einem anderen Partner umsehen müssen.
6. Ihre Tochter bekommt in vier Jahren Zwillinge.
7. Ihre Frau wird Sie selten sehen. Deshalb bekommen
   Sie keine Probleme miteinander.
8. Ihre Partei wird zwar Stimmen verlieren, aber Sie werden die Wahl knapp gewinnen.
9. Zu diesem Zeitpunkt werden Sie kein Politiker mehr
   sein, sondern Ihren ersten Roman veröffentlichen.
10. Die Exportchancen der Wirtschaft verbessern sich ab
    dem nächsten Jahr. Dadurch werden neue Arbeits-
    plätze entstehen.

Annahmen über die Zukunft	
mit dem **Präsens** (+ Zeitangabe)	mit dem **Futur**
Im nächsten Jahr **steigen** die Zinsen.	Die Zinsen **werden steigen**.
Er **wird** im September gewählt.	Er **wird** gewählt **werden**.
Er **muss** bald zurücktreten.	Er **wird** zurücktreten **müssen**.

2. Was passt zusammen?

a) Wenn die Römer gewusst hätten, dass die
   Erde rund ist, ▢

b) Wenn Nikolaus Otto nicht den Benzinmotor erfunden hätte, ▢

c) Wenn die Franzosen und Engländer nicht
   den Eurotunnel gebaut hätten, ▢

d) Wenn man auf der Titanic den Eisberg
   rechtzeitig bemerkt hätte, ▢

e) Wenn Samuel Morse sein berühmtes
   Alphabet nicht entwickelt hätte, ▢

f) Wenn der Computer nicht erfunden
   worden wäre, ▢

g) Wenn Alexander Fleming nicht durch Zufall das Penicillin entdeckt hätte, ▢

h) Wenn Johannes Gutenberg nicht den
   Buchdruck erfunden hätte, ▢

i) Wenn die UNO 1945 nicht gegründet
   worden wäre, ▢

j) Wenn es vor 65 Millionen Jahren keine
   Klimakatastrophe gegeben hätte, ▢

1. hätte es seitdem wahrscheinlich noch mehr Kriege
   in der Welt gegeben.
2. hätte Carl Benz nicht das erste Auto bauen können.
3. würden die Dinosaurier vielleicht heute noch leben.
4. könnte man heute nicht mit dem Zug von Paris
   nach London fahren.
5. könnten wir heute nicht im Internet surfen.
6. würde es viel weniger Bücher geben.
7. wäre das Schiff nicht gesunken.
8. müssten viel mehr Menschen an Infektionskrank-
   heiten sterben.
9. hätten sie vielleicht bereits Amerika entdeckt.
10. hätte man im 19. Jahrhundert keine Nachrichten
    über den Telegrafen schicken können.

Gedankenspiele über die Vergangenheit:
Wenn Kolumbus nicht nach Westen **gesegelt wäre**, hätte er Amerika nicht **entdeckt**.

IN-Serie „Geburtsjahr 1949"
Menschen, so alt wie die Bundesrepublik Deutschland
Heute: Interview mit Volker Mai, geb. am 18. November 1949,
Gymnasiallehrer für Deutsch und Geschichte

IN: Herr Mai, heute leben wir ganz selbstverständlich mit so modernen Dingen wie Handys, Computern und Kreditkarten. Können Sie sich noch erinnern, wie das in Ihrer Kindheit war?

Volker Mai: Das gab es damals natürlich alles noch nicht. Meine Eltern hatten noch nicht einmal ein Telefon. Das bekamen wir erst 1960. Da war ich schon elf Jahre alt. Jedenfalls weiß ich noch, dass ein Telefon damals für mich ein technisches Wunder war. Und wir hatten, wie die meisten Familien, auch keinen Fernsehapparat. Aber wir brauchten nur zu unseren Nachbarn zu gehen, weil die schon einen Fernseher hatten. Es wurde zur Gewohnheit, dass wir fast jeden Samstagabend dort waren. Damals gab es nur ein Programm und das war schwarz-weiß. Aber trotzdem war ein Fernsehabend etwas ganz Besonderes. Man saß auf dem Sofa und die Erwachsenen tranken Wein. Und es gab Salzgebäck und Pralinen. Die Sendungen waren während der ganzen Woche ein Gesprächsthema.

IN: Autos gab es in dieser Zeit auch noch nicht viele oder hatten Ihre Eltern damals schon eins?

VM: Nein, ich wäre natürlich sehr stolz gewesen, wenn wir ein Auto gehabt hätten. Aber ich war schon fast erwachsen, als sich meine Eltern das erste Auto leisten konnten. Es war ein weißer VW-Käfer. Allerdings hatte ein Onkel, der in unserer Nähe wohnte, schon sehr früh ein Auto. Es war winzig klein, und wenn wir sonntags mit meinem Onkel und meiner Tante Ausflüge machten, musste ich immer auf dem Schoß meiner Mutter sitzen. Aber ich habe sehr schöne Erinnerungen daran. Wenn wir zum Baden an einen See oder zum Spazierengehen in ein Waldgebiet außerhalb der Stadt fuhren, hatten wir immer einen Ball, verschiedene Spiele und ganz viel zu Essen dabei. Meine Mutter hatte samstags immer schon für uns alle Eier gekocht, Kartoffelsalat gemacht und Schnitzel gebraten. Essen war damals die Hauptsache, weil die Erwachsenen oft noch an den Hunger im Krieg und in den ersten Nachkriegsjahren dachten.

IN: Was ist denn das erste politische Ereignis, an das Sie sich erinnern können?

VM: Da brauche ich nicht zu überlegen: Das war der Mauerbau in Berlin im August 1961. Es war der 13. August. Daran kann ich mich deshalb ganz genau erinnern, weil zwei Tage später mein Großvater gestorben ist. Meine Großeltern wohnten in Dresden und wir wollten sie besuchen, weil es meinem Großvater sehr schlecht ging. Im Radio kamen ständig Nachrichten über den Bau der Mauer in Berlin und darüber, dass viele Menschen noch versuchten, aus der DDR zu fliehen. Alle Menschen hatten Angst vor einem Krieg und natürlich konnten wir nicht zu den Großeltern nach Dresden reisen. Mein Vater war furchtbar aufgeregt und meine Mutter weinte, weil sie ihren Vater vor seinem Tod so gern noch einmal gesehen hätte.

IN: Gibt es noch ein Ereignis, das Sie so klar vor Augen haben?

VM: Das Nächste, woran ich mich erinnere, ist die Ermordung John F. Kennedys. Für mich war er ein Idol. Ich hatte ihn ein Jahr vor seinem Tod einmal gesehen, als er einen Deutschlandbesuch machte. Da kam er auch nach Frankfurt, wo ich mit meinen Eltern lebte. In der ganzen Stadt hatten die Kinder schulfrei und standen an den Straßen, wo Kennedy in einem offenen Wagen vorbeifuhr. Wir Kinder winkten mit kleinen amerikanischen Fahnen. Als dann am 22. November 1963 die Nachricht von Kennedys Ermordung kam, war das wie ein Schock. Ich kann mich

noch genau an die Fernsehbilder erinnern, denn das Attentat war ja gefilmt worden. Wahrscheinlich kann sich ein junger Mensch heute gar nicht mehr vorstellen, was das damals bedeutet hat.

IN: Als Jugendlicher hatten Sie sicher Hobbys. Was haben Sie denn damals in Ihrer Freizeit gemacht?

VM: Meistens habe ich Musik gehört: die Beatles, die Stones und andere Rockgruppen. Meine Eltern fanden das entsetzlich. Sie hätten es lieber gehabt, wenn ich klassische Musik gehört hätte. Aber ich finde die Stücke immer noch gut. Ich werde wohl noch mit 80 die Musik von damals hören.

IN: Viele junge Menschen, insbesondere Gymnasiasten und Studenten, haben sich Ende der 60er-Jahre und in den 70er-Jahren für Politik interessiert. Es war modern, Kommunist zu sein. Gehörten Sie auch zu denen, die Karl Marx gelesen und gegen den Kapitalismus demonstriert haben?

VM: Ja, das fing mit meinem Studium an. Mein politischer Standpunkt war damals ganz klar: Ich wollte gegen das kapitalistische System kämpfen, aber natürlich nur mit Worten. Jedenfalls war das eine sehr aufregende Zeit. Udo, mein Sohn, macht sich oft über mich lustig, wenn ich davon erzähle.

IN: Hat er kein Interesse an Politik?

VM: Nein, sehr wenig. Udos Welt sind die Tiere; er interessiert sich in der Hauptsache für Pferde, Hunde und Katzen. Nächstes Jahr macht er Abitur und dann wird er wahrscheinlich Tiermedizin studieren.

IN: Wäre es Ihnen lieber gewesen, wenn er sich wie Sie für den Lehrerberuf entschieden hätte?

VM: Nein. Es hätte mich zwar gefreut, aber da darf man sich als Vater nicht einmischen, finde ich. Bestimmt wird er ein guter Tierarzt werden.

Isar-Nachrichten 13. Jahrgang Nr. 43

3. Was passt zusammen?

a) Erst als Volker Mai elf Jahre alt war, **3**

b) Samstags gingen seine Eltern zu den Nachbarn,

c) Obwohl es nur ein Programm in schwarz-weiß gab,

d) Sonntags machte Familie Mai Ausflüge mit Verwandten,

e) Bei den Ausflügen gab es viel zu essen,

f) Weil in Berlin die Mauer gebaut wurde,

g) John F. Kennedy war ein Idol für ihn,

h) Herr Mai erinnert sich an Kennedys Besuch in Frankfurt,

i) Er wird noch mit 80 die Beatles und Stones hören,

j) Er erzählt gern von seiner Studentenzeit,

k) Sein Sohn will Tiermedizin studieren,

1. sobald er das Abitur gemacht hat.
2. weil sie selbst noch keinen Fernseher hatten.
3. bekamen seine Eltern ein Telefon.
4. weil er ihn da selbst gesehen hat.
5. weil er die Musik gut findet.
6. war jeder Fernsehabend etwas Besonderes.
7. obwohl sich sein Sohn dann über ihn lustig macht.
8. die schon früh ein kleines Auto hatten.
9. konnten sie die Großeltern nicht mehr besuchen.
10. deshalb war seine Ermordung ein großer Schock.
11. weil das für die Erwachsenen die Hauptsache war.

Der Besuch **des amerikanischen Präsidenten** in Frankfurt war aufregend.
Der Besuch **Kennedys** in Frankfurt war aufregend.
Kennedys Besuch in Frankfurt war aufregend.

Herr Mai **muss** nicht überlegen.
Herr Mai **braucht** nicht **zu** überlegen.

4. Eine Wahlkampfrede

a) Was ist richtig? **X**

Der Redner verspricht den Wählern eine Stadt, die

☐ einkaufsfreundlich ist. ☐ kinderfreundlich ist. ☐ autofreundlich ist.

☐ umweltfreundlich ist. ☐ tierfreundlich ist. ☐ familienfreundlich ist.

b) Was passt zusammen?

Der Redner behauptet:

a) Wenn die Sozialdemokraten und die Grünen nicht so viel Geld für die Renovierung des Rathauses ausgegeben hätten, ☐

b) Wenn die SPD und die Grünen das Parken in der Fußgängerzone verboten hätten, ☐

c) Das Parken in der Fußgängerzone soll verboten werden, ☐

d) Wenn man beim Umbau der alten Stadtbücherei gespart hätte, ☐

e) Die Christdemokraten werden neue Kindergartenplätze schaffen, ☐

f) Die CDU wird die Eintrittspreise für das Schwimmbad senken, ☐

g) Die Christdemokraten werden den öffentlichen Nahverkehr stärker fördern, ☐

1. wäre die Finanzsituation jetzt nicht so katastrophal.

2. sodass das Schwimmbad auch wieder für Familien attraktiv wird.

3. wäre das Zentrum viel attraktiver.

4. sodass die Busfahrpreise gesenkt werden können.

5. weil eine Stadt kinderfreundlich sein muss.

6. denn die Stadt soll einkaufsfreundlich sein.

7. hätte man schon lange mit dem Bau eines neuen Kindergartens beginnen können.

5. Die erste Hochrechnung

Welche Grafik passt zum Text?

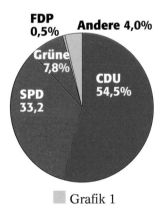

☐ Grafik 1

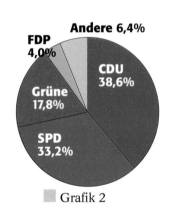

☐ Grafik 2

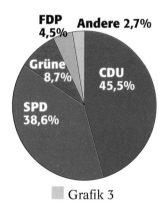

☐ Grafik 3

Richtig (**r**) oder falsch (**f**)?

a) ☐ Die CDU ist der große Gewinner der Wahl.

b) ☐ Die SPD hat viele Stimmen gewonnen.

c) ☐ Die Grünen haben ihr Ergebnis gegenüber der letzten Wahl etwas verbessert.

d) ☐ Das Ergebnis der FDP hat sich gegenüber der letzten Wahl stark verschlechtert.

e) ☐ Es ist völlig sicher, dass die FDP wieder in das Stadtparlament kommt.

f) ☐ Die übrigen Parteien können auf jeden Fall nicht in den Stadtrat einziehen.

g) ☐ Der Vertreter der CDU will auf keinen Fall eine Koalition mit den Grünen.

h) ☐ Die Grünen ziehen eine Koalition mit der SPD vor.

i) ☐ Der Vertreter der SPD will sich noch nicht auf eine Koalition festlegen.

Über den städtischen Gebieten wird man riesige Dächer aus
   Glas bauen.
Dort gibt es keine Unterschiede zwischen den Jahreszeiten mehr.
Die Temperatur wird zentral geregelt.
Heizungen und Klimaanlagen sind nicht mehr notwendig.
Auf dem Land wird man Wetter und Klima künstlich verändern.
Die Leistung der Landwirtschaft wird nicht mehr vom Zufall abhängen.

Vermutlich

Dann

Natürlich

Aus diesem Grund

Sogar

Also

Die Bürger werden eine direkte Mitbestimmung in der
   Kommunalpolitik bekommen.
Jugendliche werden wählen können.
Man wird seine Stimme über das Internet abgeben.
Politiker werden nur für zwei Jahre im Amt bleiben.

Ich bin der Überzeugung, dass

Schon mit 16 Jahren

Bei wichtigen kommunalen Entscheidungen

Es ist auch wahrscheinlich, dass

Niemand braucht mehr eine Fremdsprache zu lernen.
Texte werden von Übersetzungscomputern in jede Sprache übersetzt.
Man hat einen kleinen Apparat dabei.
Dieser ist nicht größer als eine Streichholzschachtel.
Man spricht einfach einen Satz hinein.
Der Gesprächspartner hört die Übersetzung in seiner Muttersprache.

In 50 Jahren

Zuverlässig

Auf Reisen

Es ist denkbar, dass

Bei mündlichen Unterhaltungen

Und sofort

1. Eine Szene aus einem Theaterstück.

Notieren Sie die Nummern aus der Zeichnung.

a) ☐7 Der Hund liegt unter dem Tisch. Er schläft.
b) ☐ Die Königstochter zerschneidet den Blumenstrauß und lacht dabei.
c) ☐ Der Ritter kniet blutend auf dem Boden.
d) ☐ Der König schreit und tritt gegen die Tür.
e) ☐ Die Königin hält sich am Spiegel fest und weint.
f) ☐ Die Köchin steht schweigend neben dem Feuer.
g) ☐ Die Diener singen ein Lied, während sie die Fenster putzen.
h) ☐ Der Minister tanzt und trinkt dabei eine Flasche Wein.

2. Was passt zusammen?

a) Der tanzende Minister ☐3
b) Der blutende Ritter ☐
c) Die lachende Königstochter ☐
d) Der schreiende König ☐
e) Die weinende Königin ☐
f) Der schlafende Hund ☐
g) Die singenden Diener ☐
h) Die schweigende Köchin ☐

1. verletzt sich den Fuß an der Tür.
2. wirft den Spiegel um.
3. winkt der Königstochter.
4. hat ein Kissen unter dem Kopf.
5. hat Blut auf ihrem weißen Kleid.
6. schaut die Königstochter an.
7. vergisst den Braten.
8. machen den Boden nass.

> Der Hund liegt unter dem Tisch **und schläft**.
> Der Hund liegt unter dem Tisch, **während** er **schläft**.
> Der Hund liegt **schlafend** unter dem Tisch.
> Der **schlafende** Hund liegt unter dem Tisch.

3. Ergänzen Sie.

Der Fuß des Königs ist _____.

Die Fenster sind _____.

Der Spiegel ist _____.

Die Blumen sind _____.

Die Tür ist _____.

Der Braten ist _____.

Die Wunde des Ritters ist _____.

Der Minister ist _____.

geputzt	zerschnitten
eingesperrt	verbrannt
verbunden	verletzt
zerbrochen	repariert

4. Ergänzen Sie.

a) _____ ist blau geworden.

b) Die Sonne scheint durch _____.

c) Die Königin sitzt neben _____.

d) _____ liegen auf dem Boden.

e) Die Diener streichen _____.

f) Der Hund darf _____ fressen.

g) _____blutet noch ein bisschen.

h) Die Königstochter küsst _____.

die geputzten Fenster

dem zerbrochenen Spiegel

den eingesperrten Minister

der verletzte Fuß   die reparierte Tür

die verbundene Wunde

die zerschnittenen Blumen

den verbrannten Braten

> Der Braten ist **verbrannt**. Der Hund darf ihn fressen.
> Der Hund darf den **verbrannten** Braten fressen.

Kultur der Superlative

Ob Kunstausstellung oder Konzert, Schauspiel oder Buchmesse, Oper oder

Rockmusik – für jeden Geschmack hat der Kulturbetrieb etwas zu bieten. Tausende reisen jedes Jahr zu den Großveranstaltungen der Szene.

WIEN Einhundertachtzig in weiße Ballkleider gehüllte junge Damen und ebenso viele dunkel gekleidete blasse junge Herren eröffnen jedes Jahr im Februar den Wiener Opernball. Hier ist der Eintritt nicht gerade umsonst und das Publikum setzt sich vor allem aus reichen Leuten, bekannten Schauspielern, Politikern und Künstlern zusammen. Aber nicht einmal den Reichen und den Schönen gelingt es immer, eine Karte für den Ball oder eine Einladung in die Loge eines Ministers oder sogar des österreichischen Bundespräsidenten zu erhalten. Während sich im Saal des Opernhauses die eleganten Paare nach den berühmten Walzer-Melodien von Johann Strauß drehen, versuchen ebenso elegant gekleidete Journalisten, Fotos und Interviews für ihre neugierigen Leser zu bekommen. Und das Fernsehen berichtet natürlich in einer Livesendung vom gesellschaftlichen Ereignis des Jahres.

BAYREUTH Das eigentliche Opern-Ereignis des Jahres findet jedoch ganz woanders statt, nämlich auf dem „Grünen Hügel" in Bayreuth. Hier baute der Komponist Richard Wagner zwischen 1871 und 1876 das berühmte Festspielhaus, in dem seine Werke bis heute von internationalen Stars der Opernwelt immer neu interpretiert werden. Die Vorstellungen der Bayreuther Festspiele sind oft schon Monate im Voraus ausverkauft. Den Höhepunkt bildet ohne Zweifel der „Ring des Nibelungen" – ein Werk, das aus einem Vorspiel und drei Bühnenfestspielen besteht und an vier aufeinanderfolgenden Abenden aufgeführt wird. Gesamtdauer: sechzehn Stunden.

SALZBURG In Salzburg wird der Rekord selbstverständlich von Wolfgang Amadeus Mozart gehalten, der hier geboren ist. Fast die Hälfte der bei den Salzburger Festspielen aufgeführten Musikstücke sind seine Werke. Neben den Konzerten spielt in Salzburg aber auch das Theater eine große Rolle. Eine feste Tradition ist die alljährliche Inszenierung des „Jedermann". Mit diesem Schauspiel begannen 1920 unter freiem Himmel die ersten Salzburger Festspiele auf dem Domplatz. Seitdem ist es für die größten und berühmtesten deutschsprachigen Schauspieler eine Ehre, einmal die Hauptrolle in diesem Stück zu spielen. Etwa 3000 Theaterleute und Musiker wirken jedes Jahr bei den Festspielen mit. Allein um den Dom herum gibt es dann 2114 Sitzplätze und 400 Stehplätze, und das von Karajan gegründete Große Festspielhaus bietet Platz für 2177 Zuschauer.

Oberammergau Die Passionsspiele von Oberammergau gehen auf eine alte Tradition zurück: 1632 kam die Pest in das bayrische Gebirgsdorf und tötete innerhalb eines Jahres fast die Hälfte der Einwohner. Da entschlossen sich die Überlebenden, gemeinsam die Geschichte von Jesus Christus zu spielen und die Aufführung von 1634 an alle zehn Jahre zu wiederholen. Dieses Versprechen haben die Bewohner bis heute gehalten. Für die meisten Oberammergauer ist es selbstverständlich, sich in irgendeiner Weise an den Spielen zu beteiligen. Über 2200 Frauen, Männer und Kinder wirken als Darsteller auf der Freilichtbühne, im Chor, im Orchester oder hinter der Bühne mit. Eine so ungewöhnliche Veranstaltung zieht natürlich eine Menge Zuschauer an: Um die 500000 kommen in den Jahren der Aufführung zwischen Mai und Oktober nach Oberammergau.

KASSEL Auch die Kunst hat ihr Festival: Auf einer Fläche von über 9000 Quadratmetern präsentiert die Stadt Kassel alle fünf Jahre 100 Tage lang die größte Ausstellung der Welt für moderne Kunst, die „Documenta". Im Rekordjahr 1997 besichtigten mehr als 630000 Besucher die in Kassel gezeigten Werke. Nicht jeder hält das, was er da sieht, wirklich für Kunst. Aber gerade das macht die Veranstaltung so spannend. Solange sie eine lebendige Diskussion in der Öffentlichkeit provoziert, kann die Documenta kein Misserfolg werden.

FRANKFURT Wenn Anfang Oktober kein Hotelzimmer in Frankfurt am Main zu bekommen ist, dann liegt es an der Literatur. Innerhalb einer Woche kommen im Durchschnitt 300000 Besucher zur Frankfurter Buchmesse, der weltweit größten Buchausstellung und Literaturmesse. Außer den rund 78000 Titeln, die jedes Jahr neu in Deutschland erscheinen, werden über eine Viertel Million ausländische Bücher vorgestellt. Aber man kommt natürlich nicht nur wegen der Bücher her. Auf 1800 Veranstaltungen rund um das Thema Buch kann man sich über die neuesten Entwicklungen informieren oder seinen Lieblingsautor lesen hören oder sogar mit ihm diskutieren. Nur eins kann man auf der Messe nicht: Bücher kaufen.

ZU HAUSE Bei diesen Rekordzahlen darf man nicht vergessen: Der größte Teil des kulturellen Lebens findet immer noch außerhalb solcher Großveranstaltungen statt: in den über 500 öffentlichen und ca. 150 privaten Theatern und Konzertsälen allein in Deutschland, in den fast 4000 staatlichen Museen und über 14000 Bibliotheken. Und der beste Ort, ein spannendes Buch zu lesen, ist immer noch der gemütliche Sessel zu Hause.

5. Zu welchen Ereignissen passen die Fotos?

a) Wiener Opernball ☐
b) Bayreuther Festspiele ☐
c) Salzburger Festspiele ☐

d) Oberammergauer Passionsspiele ☐
e) Documenta ☐
f) Frankfurter Buchmesse ☐

6. Richtig (r) oder falsch (f)?

a) ☐ Der Eintritt zum Wiener Opernball ist kostenlos.
b) ☐ Der „Ring" wird an 16 Tagen in Bayreuth aufgeführt.
c) ☐ In Salzburg wird jedes Jahr der „Jedermann" gespielt.
d) ☐ Herbert von Karajan gründete das Große Festspielhaus in Salzburg.
e) ☐ Die Oberammergauer Passionsspiele finden nur alle zehn Jahre statt.
f) ☐ Die Documenta dauert jedes Mal fünf Jahre.
g) ☐ In Deutschland erscheinen 78 000 neue Bücher pro Jahr.
h) ☐ Der größte Teil des kulturellen Lebens findet auf Großveranstaltungen statt.

7. Was passt?

a) Die in Kassel gezeigten ☐ ☐
b) Die in Oberammergau mitwirkenden ☐ ☐
c) Dunkel gekleidete ☐ ☐
d) Die in Salzburg aufgeführten ☐ ☐
e) Die von Wagner komponierten ☐ ☐
f) Die auf der Buchmesse ausgestellten ☐ ☐

1. Darsteller
2. Musikstücke
3. junge Herren
4. Kunstwerke
5. Bücher
6. Opern

A tanzen auf dem Wiener Opernball.
B werden in Bayreuth immer neu interpretiert.
C werden nicht von jedem für Kunst gehalten.
D kann man nicht kaufen.
E sind fast zur Hälfte von Mozart.
F sind Einwohner des kleinen Ortes.

> Das Werk wird an vier **Abenden, die aufeinanderfolgen,** in Bayreuth aufgeführt.
> Das Werk wird an vier **aufeinanderfolgenden Abenden** in Bayreuth aufgeführt.

8. „Welche kulturellen Veranstaltungen besuchen Sie in Ihrer Freizeit?"

Was passt zu welcher Person? (1 , 2 , 3 oder 4)

a) 1 Für mich ist so ein Abend immer ein kleines Fest.

b) ☐ Am liebsten sehe ich klassische Opern und Operetten, die ich schon kenne.

c) ☐ Wenn ich in einem Museum bin, vergesse ich die Zeit.

d) ☐ Ich treffe mich oft mit Freunden im Jazzclub.

e) ☐ Ich mag auch Actionfilme, aber Liebesgeschichten ziehe ich vor.

f) ☐ Das mache ich meistens nur an Wochentagen, weil es samstags und sonntags immer sehr voll ist.

g) ☐ Ins Kino gehe ich mindestens einmal pro Woche.

h) ☐ Moderne Theaterstücke sind meistens nicht nach meinem Geschmack.

i) ☐ Ich bin schon mal nach New York geflogen, nur um eine Ausstellung zu sehen.

j) ☐ Ich liebe diese Musik und höre auch zu Hause nichts anderes.

k) ☐ Was einige moderne Künstler machen, ist doch nicht mehr normal.

l) ☐ Es ist für mich ein großer Unterschied, ob ich einen Film im Fernsehen oder im Kino sehe.

9. „Der Film hat mir überhaupt nicht gefallen!"

Richtig (r) oder falsch (f)?

a) ☐ Rolf und Heike haben sich zusammen einen Liebesfilm angesehen.

b) ☐ Rolf und Heike kommen gerade aus einem Agentenfilm.

c) ☐ Heike ist von dem Film enttäuscht, weil sie ihn langweilig fand.

d) ☐ Der Film war so traurig, dass Heike die meiste Zeit geweint hat.

e) ☐ Rolf hat den Schluss des Films nicht verstanden.

f) ☐ Im Kino war schlechte Luft und Rolf hat davon Kopfschmerzen bekommen.

g) ☐ Rolf ist der Meinung, dass der Inhalt des Films schrecklich dumm war.

h) ☐ Rolf fand den Film toll und würde ihn am liebsten noch einmal sehen.

i) ☐ Heike meint, dass es keinen Zweck hat, mit Rolf über Filme zu diskutieren.

j) ☐ Das nächste Mal will Rolf alleine ins Kino gehen.

10. Eine Theaterprobe: „Ernst sein ist alles"

a) Welches Bühnenbild passt zu der Szene, die geprobt wird? X

Zweiter Akt
Klassenraum in einer Schule. Cecily sitzt vorne und blättert gelangweilt in einem Buch. Moulton sitzt hinten und schneidet mit einer Schere Papier. Miss Prism sitzt am Lehrerpult vor einer Wandtafel. An der Tafel steht „Friedrich Schiller".

Zweiter Akt
Garten hinter einem großen Haus. Es ist ein altmodischer Garten, voller Rosen. Juli. Korbsessel und ein Tisch voller Bücher unter einem hohen Baum. Miss Prism, die Erzieherin, sitzt am Tisch. Cecily gießt im Hintergrund die Blumen. Moulton schneidet die Hecke.

Zweiter Akt
Ein verschlafener Bahnhof. Es schneit. Im Stationsgebäude: ein Restaurant mit Garten und ein Friseursalon. Miss Prism und Cecily sitzen vor dem Restaurant und warten auf den Zug nach London. Moulton, der Friseur, schneidet einer Dame die Haare.

b) Was passt?

Jens = J   Nicole = N   Susanne = S
Dieter = D   Oscar Wilde = O

1. ▨ spielt die Rolle von Miss Prism.
2. ▨ spielt die Rolle von Cecily.
3. ▨ hat das Theaterstück geschrieben.
4. ▨ spielt die Rolle des Gärtners.
5. ▨ leitet die Theaterprobe.
6. ▨ schlägt vor, mit dem Schneiden etwas früher aufzuhören.
7. ▨ fragt, ob sie schneller sprechen soll.
8. ▨ wollte keine naive, sondern eine ironische Figur.
9. ▨ findet, dass zu wenig Bewegung auf der Bühne ist.
10. ▨ weiß nicht, wie sie die Ironie ausdrücken soll.

c) Was passt?

Cecily = C   Moulton = M
Miss Prism = P   Der Onkel = O

1. ▨ ist nach London gefahren.
2. ▨ gibt Deutschunterricht.
3. ▨ möchte, dass die Lektion vom Tag vorher wiederholt wird.
4. ▨ fände es besser, wenn Moulton Deutsch lernen würde.
5. ▨ behauptet, dass ihr die deutsche Sprache nicht gut tut.
6. ▨ ist mit Gartenarbeit beschäftigt.
7. ▨ hält nichts von dem fremden Geschwätz.
8. ▨ möchte, dass seine Nichte Deutsch lernt.

11. Das soll Kunst sein?

Wer sagt was?
der Mann = M
die Frau = F
die Wärterin = W

a) ▨ Das soll Kunst sein?
b) ▨ Das muss Kunst sein.
c) ▨ Das kann keine Kunst sein.
d) ▨ Das müssten 66 Äpfel sein.
e) ▨ Das sollen Formen sein?
f) ▨ Das könnte ein Auge sein.
g) ▨ Das dürfte der Mund sein.
h) ▨ Das kann nur ein Mund sein.
i) ▨ Je länger man hier steht, desto mehr Appetit bekommt man.
j) ▨ Da könnte jemand einen Fehler gemacht haben.
k) ▨ Das muss die Wärterin sein.
l) ▨ Da muss jemand von der Komposition gegessen haben.

12. Aussage oder Frage?

Hören Sie zu, sprechen Sie nach und notieren Sie ! oder ? .

Das soll Kunst sein !	Er findet den Film gut	Luisa liebt Liebesgeschichten
Das soll Kunst sein ?	Er findet den Film gut	Luisa liebt Liebesgeschichten
Das soll Musik sein	Cora kommt schon morgen	Die Probe dauert zwei Stunden
Das soll Musik sein	Cora kommt schon morgen	Die Probe dauert zwei Stunden

13. Hören Sie zu und sprechen Sie nach.

Fünfzig Wagen fahren los.
Fünfzig geschmückte Wagen fahren los.
Fünfzig bunt geschmückte Wagen fahren los.

Junge Damen und Herren eröffnen den Opernball.
Junge Damen und Herren eröffnen den Wiener Opernball.
Junge Damen in weißen Ballkleidern und dunkel gekleidete Herren eröffnen den Wiener Opernball.

Die Vorstellungen sind ausverkauft.
Die Vorstellungen der Festspiele sind oft ausverkauft.
Die Vorstellungen der Bayreuther Festspiele sind oft schon Monate im Voraus ausverkauft.

14. Hören Sie zu und sprechen die Sätze nach.

Der Opa grillt hustend den Fisch.
Das Kind deckt pfeifend den Tisch.

Der Vater streicht schwitzend die Bank.
Die Mutter schließt lächelnd den Schrank.

Die Oma riecht gegrillten Fisch.
Das Kind sitzt am gedeckten Tisch.

Der Opa sitzt auf der gestrichenen Bank.
Der Vater steht vor dem geschlossenen Schrank.

3. Was können Sie in diesen Situationen sagen?

Was passt zusammen?

a) Sie treffen einen Bekannten, der eine schlimme Erkältung hat. Er erzählt Ihnen, wie schlecht es ihm geht. Beim Verabschieden können Sie sagen: **5**

b) Sie fahren mit einem Bus, der sehr voll ist. In einer Kurve treten Sie aus Versehen einer anderen Person auf den Fuß. Da können sie sagen: ■

c) Sie sind auf einem Fest eingeladen und ein Bekannter stellt Ihnen eine Person vor, die Sie noch nicht kannten. Zu dieser Person können Sie sagen: ■

d) Sie sind mit einem Bekannten verabredet, der sich um ein paar Minuten verspätet. Als er kommt, entschuldigt er sich bei Ihnen. Sie können ihm antworten: ■

e) Sie gehen in ein Restaurant, um etwas zu essen. Die meisten Stühle sind besetzt, aber Sie entdecken noch einen leeren. Bevor Sie sich dort hinsetzen, können Sie die Personen an diesem Tisch ansprechen und fragen: ■

f) Sie sind mitten in der Stadt und merken, dass Sie Ihre Uhr vergessen haben. Deshalb möchten Sie jemanden nach der Uhrzeit fragen. Wenn Sie einen Passanten ansprechen, können Sie sagen: ■

g) Ein Bekannter erzählt Ihnen, was ihm gerade passiert ist: Er wollte ein Paket wegschicken, und als er vor der Post ankam, war es gerade sechs Uhr und vor seiner Nase wurde die Tür abgeschlossen. Natürlich hat er sich sehr geärgert. Dazu können Sie sagen: ■

h) Ein Kollege lädt Sie zu einem Glas Wein ein. Bevor Sie trinken, können Sie sagen: ■

i) Sie treffen einen Bekannten, von dem Sie wissen, dass er vor wenigen Tagen eine wichtige Prüfung bestanden hat. Natürlich möchten Sie ihm gratulieren. Sie können zu ihm sagen: ■

j) Sie sind im Zug und eine alte Dame kommt zu Ihnen ins Abteil. Sie hat Mühe, ihren Koffer in das Gepäckfach über den Sitzen zu heben. So können Sie die alte Dame ansprechen: ■

k) Sie haben mit einer Kollegin in einem Restaurant gegessen und möchten noch eine Nachspeise. Ihre Kollegin schlägt ein Dessert vor, das Sie aber beide noch nie probiert haben. Sie sind einverstanden und können zum Spaß sagen: ■

l) Sie sind auf eine Feier eingeladen und sehen dort zufällig einen Bekannten, den Sie schon länger nicht mehr getroffen haben. Wenn Sie zu ihm gehen, können Sie sagen: ■

1. „Das ist ja eine Überraschung!"
2. „Dann lassen wir uns mal überraschen!"
3. „Herzlichen Glückwunsch!"
4. „Auf Ihr Wohl!"
5. „Ich wünsche Ihnen gute Besserung!"
6. „Da haben Sie aber wirklich Pech gehabt!"
7. „Aber das macht doch nichts!"

8. „Das tut mir leid; entschuldigen Sie bitte vielmals!"
9. „Entschuldigung, können Sie mir sagen, wie spät es ist?"
10. „Darf ich Ihnen helfen?"
11. „Ist der Platz noch frei?"
12. „Es freut mich sehr, Sie kennenzulernen."

Deutsch, Delfine und Delila

Anfangs war Delila für mich eine Kursteilnehmerin wie jede andere. In manchen Deutschstunden hatte sie neben mir gesessen, in anderen nicht. Um ehrlich zu sein, ich hatte mir noch nicht einmal ihren Namen gemerkt, als die Kursleiterin uns in der ersten Stunde danach gefragt hatte. Es war mir auch gar nicht aufgefallen, wie hübsch Delila war mit ihren langen schwarzen Haaren und den wasserblauen Augen. Sie konnte schon besser Deutsch als ich und machte wenig Fehler. Das war das Einzige, was ich über sie wusste. Aber das war nichts Besonderes, weil ich schon immer der Meinung war, dass Frauen eine größere Sprachbegabung haben als Männer. Eine gute Entschuldigung für mich, wenn es mir mal wieder passierte, dass der ganze Kurs über meine Fehler lachte. So war es auch an dem Tag, als alles anfing mit Delila.

Am Ende des Unterrichts hatten wir noch ein bisschen Zeit. Frau Bauer, unsere Lehrerin, hatte die Idee, ein kleines Spiel mit Tiernamen zu machen. Es sollte eine Übung zu den Adjektiven sein. Unsere Lehrerin schrieb den Namen eines Tiers an die Tafel und wir sollten dazu Eigenschaften nennen. Als Erstes schrieb sie „Krokodil". Jemand sagte „gefährlich" und ein anderer „hässlich". Dann fragte mich Frau Bauer, ob ich auch ein passendes Adjektiv wisse. Ich antwortete: „Nein. Ich mag nicht Krokodile." Frau Bauer wollte mich verbessern und sagte: „Ich mag keine Krokodile." Darauf sagte ich zu den anderen: „Sie mag auch nicht Krokodile." Das war natürlich wieder falsch. Frau Bauer lachte und sagte, dass sie eigentlich gar nichts gegen Krokodile habe, solange sie nicht mit ihnen zusammen baden müsse. Und dann erklärte sie mir noch einmal, wann man im Deutschen „nicht" und wann man „kein" verwendet.

Das nächste Tier war „Katze". Viele meldeten sich und sagten „sauber", „schnell", „leise". Ich sagte lieber nichts mehr, obwohl ich auch ein paar Adjektive wusste. Dann kam „Delfin". Da meldete sich Delila, die neben mir saß, und sagte: „Delfine sind sozial und freundlich – auch zu Menschen." Dann dachte sie einen Augenblick nach und fügte hinzu: „Und sie haben eine Sprache, eine geheimnisvolle Sprache."

Als sie das sagte, klang ihre Stimme so wundervoll warm und weich, dass mein Herz einen kleinen Sprung machte. Das war der Moment, in dem ich mich in Delila verliebte. Ich weiß nicht mehr, welche Tiernamen Frau Bauer noch an die Tafel schrieb und was im Kurs weiter gesprochen wurde. Ich hatte nur noch Augen und Ohren für Delila. Nach dem Unterricht wollte ich sie ansprechen, um mich mit ihr zu unterhalten, aber bevor ich den Mut dazu hatte, war Delila verschwunden.

Auf dem Weg nach Hause kam ich wie immer an vielen Geschäften vorbei. Vor einem Schmuckladen blieb ich stehen, weil ich im Schaufenster eine große Fotografie entdeckte. Darauf waren zwei Delfine zu sehen, die nebeneinander aus dem Wasser heraussprangen – ein Symbol reiner Lebenslust. Davor lagen Eheringe …. Ich ging in das Geschäft hinein und fragte nach Schmuck in der Form eines Delfins. Sie hatten einen Anhänger, der mir gut gefiel, und dazu suchte ich eine silberne Kette aus. Es war das erste Mal in meinem Leben, dass ich Schmuck kaufte. Mit einem kleinen Geschenkpäckchen verließ ich aufgeregt und glücklich den Laden.

In dieser Nacht konnte ich lange keine Ruhe finden, weil ich an Delila dachte. Als ich dann endlich einschlief, hatte ich einen Traum. Zuerst war ich irgendwo in Afrika. Da war auch Frau Bauer, unsere Kursleiterin, die mit einem Krokodil im Fluss badete. Ich stand am Ufer und schaute zu. Als sie mich entdeckte, lachte sie und rief mir zu, dass ich auch ins Wasser kommen solle. Dann änderte sich der Traum. Ich sah Delila, die am Meer auf einem Felsen stand und mit einem eleganten Sprung ins tiefblaue Wasser tauchte. Ein Delfin kam angeschwommen und wollte mit ihr spielen. Delila fing an, sich mit dem Delfin zu unterhalten. Ich konnte die Sprache nicht verstehen, aber es klang ein bisschen wie Deutsch. Sie lachten, spielten und hatten sehr viel Spaß miteinander. Auf einmal küsste Delila den Delfin ganz zärtlich – und ich wachte mit Herzklopfen auf.

In der nächsten Deutschstunde steckte ich das Päckchen aus dem Schmuckgeschäft heimlich in Delilas Tasche. Danach war ich so aufgeregt, dass ich im Unterricht nur noch Fehler machte. Wir waren bei den starken Verben und mir fielen die einfachsten Formen nicht mehr ein. Frau Bauer wollte wissen, wo ich mit meinen Gedanken sei. Natürlich konnte ich ihr keine ehrliche Antwort geben. Ich war mit meinen Gedanken bei Delila und dem kleinen Delfin in ihrer Tasche. Was würde Delila tun, wenn sie den Schmuck zu Hause entdecken würde? Würde sie wissen, dass er von mir war?

Am nächsten Tag setzte sich Delila im Unterricht nicht neben mich, aber um den Hals trug sie die Kette mit dem Delfin. Und wieder machte mein Herz einen kleinen Sprung. Wir sprachen nicht miteinander, aber einmal lächelte sie, als ich sie anschaute. War es ein Spiel? Wartete sie darauf, dass ich etwas sagen würde? Ich wollte nichts falsch machen, also war ich ganz vorsichtig. Vielleicht wusste sie ja gar nicht, dass der Delfin von mir war. In den nächsten Wochen schenkte ich ihr heimlich noch mehr Delfine: kleine Figuren aus Holz oder Glas, ein Paar Ohrringe, ein Stofftier, einen Delfin aus Schokolade ...

Nie sagte sie etwas und ich wusste immer noch nicht, was sie dachte. Aber mein Deutsch wurde besser, weil ich mich vor Delila nicht blamieren wollte. Ich lernte Vokabeln und übte Grammatik wie nie zuvor. Frau Bauer lobte mich vor der ganzen Klasse und sagte, dass ich Fortschritte gemacht hätte.

Und dann kam der Tag, auf den ich gewartet hatte. Nach dem Unterricht wartete Delila auf mich und fragte lächelnd: „Nun sag mal, Dennis, warum schenkst du mir eigentlich immer Delfine?" Sie hatte also von Anfang an gewusst, dass ich es war. „Jetzt nur keine direkte Antwort geben", dachte ich. „Ich liebe Delfine", wollte ich sagen. Aber ich war schrecklich nervös und sagte stattdessen: „Ich liebe Delila." Vor Schreck über meinen Versprecher bekam ich einen ganz roten Kopf. Aber sie lachte nur und nahm mich in den Arm. Seitdem sind wir zusammen, Delila und ich.

Ich glaube, Delfine bringen Glück.

4. Richtig (r) oder falsch (f)?

a) ☐ Dennis erzählt, dass er sich am Anfang nicht besonders für Delila interessiert habe.
b) ☐ Er behauptet, dass ihm anfangs gar nicht aufgefallen sei, wie hübsch Delila war.
c) ☐ Schon am ersten Tag habe er sich gleich ihren Namen gemerkt.
d) ☐ Dennis war schon immer der Meinung, Frauen hätten eine größere Sprachbegabung als Männer.
e) ☐ Dennis sagt zu Frau Bauer, er finde Krokodile sehr sympathisch.
f) ☐ Frau Bauer erzählt der Klasse, dass sie gern mit Krokodilen bade.
g) ☐ Delila sagt im Unterricht, dass Delfine wunderbare Tiere seien.
h) ☐ Dennis erzählt, Delila habe in seinem Traum einen Delfin geküsst.
i) ☐ Frau Bauer fragt Dennis, ob er mit seinen Gedanken bei Delila sei.
j) ☐ Frau Bauer sagt vor der Klasse, Dennis habe Fortschritte gemacht.
k) ☐ Delila fragt Dennis, warum er ihr immer Delfine schenke.
l) ☐ Dennis will Delila ganz direkt sagen: „Ich liebe dich".

Sie sagt: „Delfine **sind** wunderbare Tiere."	Sie sagt, Delfine **seien** wunderbare Tiere.
Sie meint: „Dennis **hat** Fortschritte gemacht."	Sie meint, Dennis **habe** Fortschritte gemacht.
Sie behauptet: „Delfine **haben** eine Sprache."	Sie behauptet, Delfine **hätten** eine Sprache.

5. „Sprechen Sie eine Fremdsprache?"

Welcher Satz passt zu welchem Gespräch?
Gespräch (1), Gespräch (2), Gespräch (3), Gespräch (4)

a) 1 Wahrscheinlich könnte ich keine vernünftige Unterhaltung auf Englisch führen.
b) ▢ Ich habe in der Schule Englisch gelernt, aber es hat mir keinen Spaß gemacht.
c) ▢ Am meisten habe ich im Englischunterricht die Grammatikübungen gehasst.
d) ▢ Spanisch habe ich ziemlich schnell in einer Sprachschule gelernt.
e) ▢ Am meisten lerne ich, wenn ich im Land bin und mit den Menschen rede.
f) ▢ Ich hatte in der Schule Englisch und Französisch, aber meine Noten waren schlecht.
g) ▢ Ich kann ein bisschen Griechisch, weil ich oft Urlaub in Griechenland mache.
h) ▢ Französisch hätte ich viel besser gelernt, wenn ich einen netteren Lehrer gehabt hätte.
i) ▢ Ich bin nicht der Typ, der Fremdsprachen schnell und ohne Mühe lernt.
j) ▢ Es macht mir viel Freude, eine neue Sprache zu lernen.
k) ▢ In Madrid habe ich einen Brieffreund, der die Fehler in meinen Briefen korrigiert.
l) ▢ Nächstes Jahr werde ich einen Sprachkurs in Italien machen.

6. „So habe ich Deutsch gelernt".

Richtig (r) oder falsch (f)?

a) ▢ Karazim ist Iraner und lebt schon seit 12 Jahren in Deutschland.
b) ▢ Karazim ist Türke und hat vor zehn Jahren eine deutsche Frau geheiratet.
c) ▢ Er hatte schon in seinem Heimatland Deutschunterricht.
d) ▢ Er konnte noch kein Deutsch, als er nach Deutschland kam.
e) ▢ Er hat sehr viel ferngesehen, um seine Deutschkenntnisse zu verbessern.
f) ▢ Er hat mit Hilfe eines Tonbandgeräts deutsche Sätze geübt.
g) ▢ Er hatte nie Angst vor den Schwierigkeiten der deutschen Grammatik.
h) ▢ Manchmal verwechselt er noch die Artikel, z. B. bei den Wörtern „Mond" und „Sonne".
i) ▢ Meistens träumt er auf Deutsch und nur noch sehr selten in seiner Muttersprache.
j) ▢ Wenn er schnell etwas rechnen muss, macht er das auf Deutsch.

7. Erlebnisse mit der deutschen Sprache.

Wie gehen die Geschichten weiter?

a) Giorgio hat in einem Restaurant in Innsbruck eine Portion „Palatschinken" bestellt. ▢ ▢
b) Viviane musste einmal in der Türkei nach dem Weg fragen. ▢ ▢
c) Bob hat Freunde in Basel besucht. ▢ ▢
d) Jelena wurde von einem Polizisten angehalten. ▢ ▢
e) Jana hat sich darüber gewundert, was ihre Freundin einkaufen wollte. ▢ ▢

1. Dass man dort viele französische Wörter benutzt, wusste er schon.
2. Der Beamte wollte ihren Ausweis sehen.
3. Er glaubte nämlich, das sei ein Fleischgericht.
4. Sie hatte nämlich das Wort „Hundekuchen" ganz falsch verstanden.
5. Zuerst hat sie es auf Englisch, dann auf Französisch versucht, aber sie wurde nicht verstanden.

A Sie war ziemlich überrascht, dass die Leute Deutsch konnten.
B Sie antwortete, sie habe ihn gegessen.
C Deshalb wunderte er sich, dass er eine Art Pfannkuchen bekam.
D Jetzt ist sie der Meinung, Deutsch sei eine komische Sprache.
E Komisch fand er aber, dass die Schweizer „Gesundheit!" sagen, wenn sie ein Glas Wein trinken.

8. „Hier versteht bestimmt keiner Deutsch."

Was passt zusammen?

a) Conny ist der Meinung, dass **9**
b) Eva möchte, dass ▢
c) Die beiden Freundinnen wissen noch nicht, was ▢
d) Conny ist enttäuscht, weil ▢
e) Eva findet den Mann am Nebentisch sympathisch, weil ▢
f) Eva und Conny würden gerne wissen, ob ▢
g) Conny fragt Eva, ob ▢
h) Der Mann am Nebentisch fragt, ob ▢
i) Eva und Conny sind sehr überrascht, dass ▢

1. sie noch keinen Spanier kennengelernt hat.
2. der Mann am Nebentisch verheiratet ist.
3. er Conny und Eva zu einem Glas Wein einladen darf.
4. sie noch genug Geld zum Bezahlen hat.
5. er eine Pfeife raucht.
6. der Mann perfekt Deutsch spricht.
7. Conny leiser spricht.
8. sie am Abend machen wollen.
9. der Mann am Nebentisch kein Deutsch versteht.

9. Sprechen Sie nach.

a) Kirsche – Kirche – Köche – Küchen – Kuchen – Kassen – Kissen – küssen

b)
sie liebt	sie liegt	sie spielt	sie lobt	sie sitzt	sie liest	sie fällt
er lebt	er legt	er spült	er lügt	er setzt	er löst	er fehlt

10. Sprechen Sie nach und ergänzen Sie.

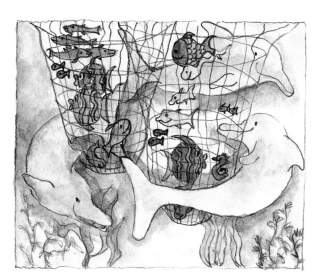

a) Er _____ schon am Tisch. Sie _____ sich daneben in den Sessel.

b) Er _____ sich ins Bett. Sie _____ lieber auf der Gartenliege.

c) Er _____ in der Küche eine Schüssel. Sie _____ im Kinderzimmer mit dem Spielzeug.

d) Er _____ vor dem Bäckerladen hin. Sie merkt, dass ein Brötchen _____.

e) Er _____ in Bern. Sie _____ seinen Freund Dieter.

sitzt	liebt	liegt	fehlt	spielt	setzt	fällt	legt	lebt	spült

11. Spiele mit DELFIN

a)
D **D**rei **D**elfine **d**iskutieren **d**en **D**ativ.

E **E**in **E**lefant **e**rschreckt **E**is **e**ssende **E**isbären.

L **L**ustige **L**öwenbabys **l**ernen **l**aufen.

F **F**ünf **F**reunde **f**otografieren **f**aule **F**lusspferde.

I **I**ngrid **i**mpft **I**gel **i**m **I**nnenhof.

N **N**ashörner **n**aschen **n**ebenan **N**üsse.

b) D • E • L • F • I • N

Delfine **e**ntdecken **l**eckere **F**ische **i**n **N**etzen.
Deutschlehrer **e**ntdecken **l**eicht **F**ehler **i**n **N**ebensätzen.

Dicke Elefanten leben frei im Naturpark.

Dünne Eisbären liegen friedlich im Neuschnee.

Dänische Ehefrauen lieben Frischobst in Nachspeisen.

Deutsche Ehemänner lieben Fleischklöße in Nudelsuppen.

Drei einsame Lehrer flirten im Nachtclub.

Drei enttäuschte Liebhaber flüchten ins Nebenzimmer.

Dienstags essen ledige Feuerwehrleute irgendwo Nudeln.

Donnerstags empfehlen langweilige Fernsehköche immer Nusskuchen.

Grammatik-Übersicht

Die systematische Grammatik-Übersicht dient dem Verständnis der wichtigen Kapitel der deutschen Grammatik. Blass gedruckte Formen sind ungebräuchlich und nur wegen der Systematik aufgenommen. Weitere Einzelheiten und Sonderfälle sind im Zusammenhang jeder Lektion im Arbeitsbuch dargestellt.

Artikel und Nomen

§1 Artikel und Kasus bei Nomen

Definiter Artikel

	Nominativ	Akkusativ	Dativ	Genitiv
Maskulinum	**der** Mann	**den** Mann	**dem** Mann	**des** Mann**es**
Femininum		**die** Frau	**der** Frau	
Neutrum		**das** Kind	**dem** Kind	**des** Kind**es**
Plural		**die** Leute	**den** Leute**n**	**der** Leute

> ✳ *Bei Femininum, Neutrum, Plural: Akkusativ = Nominativ.*
> *Im Plural: Kein Unterschied zwischen Maskulinum – Femininum – Neutrum.*

Indefiniter Artikel

	Nominativ	Akkusativ	Dativ	Genitiv
Maskulinum	**ein** Mann	**einen** Mann	ein**em** Mann	ein**es** Mann**es**
Femininum		**eine** Frau	ein**er** Frau	
Neutrum		**ein** Kind	ein**em** Kind	ein**es** Kind**es**
Plural		Leute	Leute**n**	(von Leuten)

§2 Artikelwörter wie definiter Artikel

dieser, jeder (*Plural:* alle), mancher; *Frageartikel* welcher?

	Nominativ	Akkusativ	Dativ	Genitiv
Maskulinum	dies**er** jed**er** manch**er** welch**er** Mann	dies**en** jed**en** manch**en** welch**en** Mann	dies**em** jed**em** manchem welch**em** Mann	dies**es** jedes manches welches Mann**es**
Femininum		dies**e** jed**e** manch**e** welch**e** Frau	dies**er** jed**er** mancher welch**er** Frau	
Neutrum		dies**es** jed**es** manch**es** welch**es** Kind	dies**em** jed**em** manchem welch**em** Kind	dies**es** jedes manches welches Kind**es**
Plural		dies**e** all**e** manch**e** welch**e** Kinder	dies**en** all**en** manch**en** welch**en** Kinder**n**	dies**er** all**er** manch**er** welcher Kinder

§3 Artikelwörter wie indefiniter Artikel

Negationsartikel *kein*

Das ist **ein** Telefon.

Das ist **kein** Telefon.

Ich habe ein Telefon

Das ist **mein** Telefon.

Possessivartikel *mein, dein* …

ich:	mein	wir:	unser
du:	dein	ihr:	euer
er:	sein	sie:	ihr
sie:	ihr	Sie:	Ihr
es:	sein		

	Nominativ	Akkusativ	Dativ	Genitiv
Maskulinum	kein mein dein sein ihr unser * euer ihr/Ihr Sohn	kein**en** mein**en** dein**en** sein**en** ihr**en** unser**en** eur**en** ihr**en**/Ihr**en** Sohn	kein**em** mein**em** dein**em** sein**em** ihr**em** unser**em** eur**em** ihr**em**/Ihr**em** Sohn	kein**es** mein**es** dein**es** sein**es** ihr**es** unser**es** eur**es** ihr**es**/Ihr**es** Sohn**es**
Femininum	kein**e** mein**e** dein**e** sein**e** ihr**e** unser**e** eur**e** ihr**e**/Ihr**e** Tochter		kein**er** mein**er** dein**er** sein**er** ihr**er** unser**er** eur**er** ihr**er**/Ihr**er** Tochter	
Neutrum	kein mein dein sein ihr unser * euer ihr/Ihr Kind		kein**em** mein**em** dein**em** sein**em** ihr**em** unser**em** eur**em** ihr**em**/Ihr**em** Kind	kein**es** mein**es** dein**es** sein**es** ihr**es** unser**es** eur**es** ihr**es**/Ihr**es** Kind**es**
Plural	kein**e** mein**e** dein**e** sein**e** ihr**e** unser**e** eur**e** ihr**e**/Ihr**e** Söhne Töchter Kinder		kein**en** mein**en** dein**en** sein**en** ihr**en** unser**en** eur**en** ihr**en**/Ihr**en** Söhnen Töchtern Kindern	kein**er** mein**er** dein**er** sein**er** ihr**er** unser**er** eur**er** ihr**er**/Ihr**er** Söhne Töchter Kinder

* eu**er** Sohn, eu**er** Kind; *aber* eu**re** Söhne, eu**re** Kinder *usw.*

§4 Nomen: Gebrauch ohne Artikel

Plural des indefiniten Artikels:	Sie haben **Kinder**.
Beruf oder Funktion:	Er ist **Reporter**.
	Sie ist **Hobby-Fotografin**.
Nationalität:	Er ist **Franzose**.
Unbestimmte Menge:	**Geld** braucht sie nur für ihre Kameras.
Abstrakter Begriff:	Ihr Segelboot bedeutet **Freiheit**.

§5 Nomen: Formen im Plural

Singular	*Symbol für Plural*	*Plural Nom. / Akk.*	*Plural Dativ*	*So steht es in der Wortliste: →S. 232*
der Spiegel	-	die Spiegel	den Spiegel**n**	r Spiegel, -
die Tochter	⸚	die T**ö**chter	den T**ö**chter**n**	e Tochter, ⸚
der Brief	-e	die Brief**e**	den Brief**en**	r Brief, -e
der Stuhl	⸚e	die St**ü**hl**e**	den St**ü**hl**en**	r Stuhl, ⸚e
das Kind	-er	die Kind**er**	den Kind**ern**	s Kind, -er
der Mann	⸚er	die M**ä**nner	den M**ä**nner**n**	r Mann, ⸚er
der Junge	-n	die Jung**en**	den Jung**en**	r Junge, -n
die Frau	-en	die Frau**en**	den Frau**en**	e Frau, -en
das Auto	-s	die Auto**s**	den Auto**s**	s Auto, -s

☞ *Besondere Formen:* das Museum, die Muse**en**
die Fotografin, die Fotografin**nen**

§6 Nomen: Formen im Genitiv

		Nominativ	*Genitiv*
Genitiv bei Maskulinum und Neutrum Singular:	**-s / -es**	der Spiegel	des Spiegel**s**
		das Auto	des Auto**s**
		der Mann	des Mann**es**
		das Kind	des Kind**es**
Bei Maskulinum Gruppe II: → § 8	**-n / -en**	der Junge	des Jung**en**
		der Fotograf	des Fotograf**en**

⁎ *Alle anderen Formen: keine Genitiv-Endung.*

§7 Eigennamen im Genitiv

Helmut**s** Frau	= die Frau von Helmut
Helga**s** Mann	= der Mann von Helga
Kennedy**s** Besuch	= der Besuch von Kennedy
(auch: der Besuch Kennedy**s**)	

Bei Namen auf -s schreibt man: Thomas' Reise, Doris' Hund.

§8 Nomen: Maskulinum Gruppe II

Nominativ	Akkusativ	Dativ	Genitiv	Plural
der Junge	den Jungen	dem Jungen	des Jungen	die Jungen
der Bauer	den Bauern *	dem Bauern	des Bauern	die Bauern
der Polizist	den Polizisten *	dem Polizisten	des Polizisten	die Polizisten

⁑ *Alle Formen außer Nominativ Singular: -n / -en*

* *Gesprochene Sprache:* den Bauer, den Polizist *usw.*

Ebenso:

Nomen wie Junge: Kollege, Kunde, Türke, Franzose, Zeuge *usw.*

Nomen wie Bauer: Herr, Nachbar *usw.*

Nomen wie Polizist: Journalist, Tourist, Komponist, Patient, Student, Präsident, Mensch, Pilot, Automat *usw.*

§9 Nomen aus Adjektiven

Diese Nomen können Maskulinum oder Femininum sein. Formen: wie Adjektive. →§ 16

Nominativ	Akkusativ	Dativ	Genitiv	Plural
der Bekannte	den Bekannten	dem Bekannten	des Bekannten	die Bekannten
ein Bekannter	einen Bekannten	einem Bekannten	eines Bekannten	Bekannte
die Bekannte	die Bekannte	der Bekannten	der Bekannten	die Bekannten
eine Bekannte	eine Bekannte	einer Bekannten	einer Bekannten	Bekannte

Ebenso: Angestellte, Erwachsene, Jugendliche, Arbeitslose, Deutsche, Verwandte, Angeklagte *usw.*

§10 Nomen aus Verben

Verb	Nomen	Beispiel
abnehmen	**das A**bnehmen	Das Abnehmen klappt am besten, wenn …
hungern	**das H**ungern	Durch Hungern kann man abnehmen.
turnen	**das T**urnen	Zum Turnen hat sie keine Lust.

Nomen = Infinitiv (groß geschrieben) mit oder ohne Artikel das, *mit oder ohne Präposition.*

§11 Zusammengesetzte Nomen

1. Teil	2. Teil	Zusammengesetztes Nomen	Ebenso Wörter wie:
das Taxi	**der** Fahrer	**der** Taxifahrer	Abendkleid, Fotolabor,
der Führerschein	**die** Prüfung	**die** Führerscheinprüfung	Geldautomat, Handtasch◖
die Polizei	**das** Auto	**das** Polizeiauto	Luftmatratze, Plastiktüte,
		Artikel = Artikel des 2. Teils	Salatteller, Telefonnumm◖

☞		*Änderung im 1. Teil:*	*Ebenso Wörter wie:*
das Schwein	der Braten	der Schwein**e**braten	Rind**er**braten, W**ö**rterbuc◖
das Huhn	die Suppe	die H**üh**n**er**suppe	Blumen**n**laden, Suppentel◖
die Zitrone	das Eis	das Zitron**e**neis	Urlaub**s**reise, Meer**es**bod◖
die Zeitung	der Text	der Zeitung**s**text	Schul**a**bschluss
die Schul**e**	der Freund	der Schul**f**reund	

§27 Relativpronomen

		Nominativ	Akkusativ	Dativ	Genitiv
Maskulinum	Der Mann, ...	der	den	dem	**dessen**
Femininum	Die Frau, ...	die		der	**deren**
Neutrum	Das Kind, ...	das		dem	**dessen**
Plural	Die Leute, ...	die		**denen**	**deren**

Auch mit Präposition: Der Mann, **für den** ... / Die Frau, **mit der** ... *usw.*
→ *§ 59 Relativsatz*

§28 Präpositionalpronomen (Pronominaladverbien)

Nur bei Sachen:

wo(r) + Präposition	da(r) + Präposition	Bei Personen:
wofür, wonach, wovon ...	dafür, danach, davon ...	*Präposition + Personalpronomen*
woran, worauf, worüber ...	daran, darauf, darüber ...	für ihn, nach ihr, von ihm ...

Präpositionen

§29 Präpositionen und Kasus

an	durch	aus	ab	statt *	außerhalb
auf	für	bei	außer	trotz *	innerhalb
hinter	gegen	mit	bis zu	während *	
in	ohne	nach	gegenüber	wegen *	
neben	um	seit			
über		von			
unter		zu			
vor					
zwischen					

+ **Akkusativ oder Dativ** ("Wechselpräpositionen") + **Akkusativ** + **Dativ** + **Genitiv** * gesprochene Sprache: auch mit Dativ

Lokale Bedeutung → *Lektion 5, S. 48, 49; temporale Bedeutung* → *Lektion 11, S. 111.*

§30 Kurzformen

| am | = an dem | im | = in dem | beim | = bei dem | zum | = zu dem |
| ans | = an das | ins | = in das | vom | = von dem | zur | = zu der |

A9

§31 Gebrauch der Wechselpräpositionen

Akkusativ:			*Dativ:*	
Er hängt das Bild	an **die** Wand.		Das Bild hängt	an **der** Wand.
Sie stellt die Blumen	auf **den** Tisch.		Die Blumen stehen	auf **dem** Tisch.
Er bringt das Kind	**ins** Bett.		Das Kind liegt	**im** Bett.

Richtung, Bewegung
Wohin? ⟶ ⊙

Position, Ruhe
Wo? ⊙

→ § 51.e, § 51.f Situativ- / Direktivergänzung; → § 51.k Präpositionalergänzung

Verben: Konjugation

§32 Übersicht: Das Tempussystem

		schwach	stark	besondere Formen		
Infinitiv		mach**en**	fahr**en**	**haben**	**sein**	**wollen**
Präsens	er	mach**t**	f**ä**hrt	**hat**	**ist**	**will**
Präteritum	er	mach**te**	fuhr	**hatte**	**war**	woll**te**
Perfekt	er	**hat ge**mach**t**	**ist ge**fahr**en**	**hat** gehabt	**ist gewesen**	**hat** gewollt / **hat** ... **wollen**
Plusquamperfekt	er	**hatte ge**mach**t**	**war ge**fahr**en**	**hatte** gehabt	**war gewesen**	**hatte** gewollt / **hatte** ... **wollen**
Futur	er	**wird** mach**en**	**wird** fahr**en**	**wird** haben	**wird** sein	**wird** wollen
Konjunktiv I	er	mach**e**	fahr**e**	hab**e**	**sei**	woll**e**
Konjunktiv II	er	**würde** mach**en**	f**üh**r**e**	**hätte**	**wäre**	**würde** wollen
Passiv Präsens	er	wird gemach**t**	wird gefahr**en**			
Passiv Präteritum	er	**wurde ge**mach**t**	**wurde ge**fahr**en**	Unregelmäßige Verben → § 43		
Passiv Perfekt	er	**ist ge**mach**t worden**	**ist ge**fahr**en worden**	Modalverben → § 46		

§33 Präsens

	schwach		stark		
Infinitiv	machen	arbeiten	fahren	geben	
Stamm	mach-	arbeit-	fahr- / fähr-	geb- / gib-	*Endungen*
ich	mach**e**	arbeit**e**	fahr**e**	geb**e**	**-e**
du	mach**st**	arbeit**est**	f**ä**hr**st**	g**i**b**st**	**-st** (-est)
er / sie / es	mach**t**	arbeit**et**	f**ä**hr**t**	g**i**b**t**	**-t** (-et)
wir	mach**en**	arbeit**en**	fahr**en**	geb**en**	**-en** *wie Infinitiv*
ihr	mach**t**	arbeit**et**	fahr**t**	geb**t**	**-t** (-et)
sie / Sie	mach**en**	arbeit**en**	fahr**en**	geb**en**	**-en** *wie Infinitiv*

Stamm auf
-t, -d, -m, -n

Übersicht
starke Verben → § 44

§34 Präteritum

	schwach		stark		
Infinitiv	machen	arbeiten	fahren	geben	
Stamm	*mach-te-*	*arbeit-ete-*	*fuhr-*	*gab-*	*Endungen*
ich	mach**te**	arbeit**ete**	fuhr	gab	-
du	mach**test**	arbeit**etest**	fuhr**st**	gab**st**	**-st**
er / sie / es	mach**te**	arbeit**ete**	fuhr	gab	-
wir	mach**ten**	arbeit**eten**	fuhr**en**	gab**en**	**-n** (-en)
ihr	mach**tet**	arbeit**etet**	fuhr**t**	gab**t**	**-t**
sie / Sie	mach**ten**	arbeit**eten**	fuhr**en**	gab**en**	**-n** (-en)

Stamm auf
-t, -d, -m, -n

Übersicht
starke Verben → § 44

§35 Perfekt

a) Konjugation

Infinitiv	haben / sein		Partizip II
machen:	Er	**hat**	eine Reise	**gemacht**.
fahren:	Er	**ist**	nach Österreich	**gefahren**.

Perfekt mit sein:

sein, bleiben, werden *und Verben der Zustandsveränderung oder Ortsveränderung:* einschlafen, erschrecken, gehen, fahren, kommen *usw. siehe Wortliste →* S. 232.

Infinitiv	machen	fahren
ich	habe gemacht	bin gefahren
du	hast gemacht	bist gefahren
er / sie / es	hat gemacht	ist gefahren
wir	haben gemacht	sind gefahren
ihr	habt gemacht	seid gefahren
sie / Sie	haben gemacht	sind gefahren

b) Formenbildung: Partizip II

schwache Verben					
			...		**t**
		ge	...		**t**
	...	**ge**	...		**t**
besuchen:	Er hat			besuch	**t**
verwenden:	Er hat			verwend	**et**
reparieren:	Er hat			reparier	**t**
spielen:	Er hat		**ge**	spiel	**t**
arbeiten:	Er hat		**ge**	arbeit	**et**
kennen:	Er hat		**ge**	**kann**	**t**
wandern:	Er **ist**		**ge**	wander	**t**
aufhören:	Er hat	auf	**ge**	hör	**t**
aufwachen:	Er **ist**	auf	**ge**	wach	**t**

ebenso:

schwache Verben mit untrennbarem Verbzusatz → § 48 *und Verben auf* -ieren

die meisten schwachen Verben
schwache Verben mit Stamm auf -t, -d, -m, -n
Verben mit gemischten Formen → § 45

schwache Verben mit trennbarem Verbzusatz
→ § 47

starke Verben

		...	**en**
	ge	...	**en**
...	**ge**	...	**en**

bekommen:	Er hat			bekomm	**en**
vergessen:	Er hat			vergess	**en**
zerbrechen:	Er hat			zerbr**och**	**en**

starke Verben mit untrennbarem Verbzusatz → *§ 48*

schlafen:	Er hat		**ge**	schlaf	**en**
sehen:	Er hat		**ge**	seh	**en**
essen:	Er hat		**ge**	gess	**en**
kommen:	Er **ist**		**ge**	komm	**en**

starke Verben → *§ 44*

starke Verben mit besonderen Formen → *§ 44*

anfangen:	Er hat	an	**ge**	fang	**en**
einsteigen:	Er **ist**	ein	**ge**	stieg	**en**

starke Verben mit trennbarem Verbzusatz → *§47*

§36 Plusquamperfekt

machen:	Er	**hatte**	eine Reise	**gemacht.**
fahren:	Er	**war**	nach Österreich	**gefahren.**

	Präteritum	*Partizip II*
	haben / sein	

※ *Wie Perfekt* → *§ 35, nur mit Präteritum von* **haben** *oder* **sein.**

§37 Futur

machen:	Er	**wird**	eine Reise	**machen.**
fahren:	Er	**wird**	nach Österreich	**fahren.**

	Präsens	*Infinitiv*
	werden	

ich	**werde**		
du	**wirst**		
er / sie / es	**wird**	eine Reise	**machen.**
wir	**werden**		
ihr	**werdet**		
sie / Sie	**werden**		

§38 Konjunktiv II

a) mit **würde** + Infinitiv

machen:	Er	**würde**	eine Reise	**machen.**
fahren:	Er	**würde**	nach Österreich	**fahren.**

	würde	*Infinitiv*

ich	**würde**		
du	**würdest**		
er / sie / es	**würde**	eine Reise	**machen.**
wir	**würden**		
ihr	**würdet**		
sie / Sie	**würden**		

※ *Alle Verben, auch die unter b), können den Konjunktiv II mit* **würde** *bilden.*

b) häufig benutzte Verben mit eigenen Konjunktiv II - Formen

	sein	haben	können	müssen	dürfen	kommen *
ich	wäre	hätte	könnte	müsste	dürfte	käme
du	wärst	hättest	könntest	müsstest	dürftest	kämst
er / sie / es	wäre	hätte	könnte	müsste	dürfte	käme
wir	wären	hätten	könnten	müssten	dürften	kämen
ihr	wärt	hättet	könntet	müsstet	dürftet	kämt
sie / Sie	wären	hätten	könnten	müssten	dürften	kämen

* Starke Verben → § 44 können eine eigene Konjunktiv II – Form bilden; man benutzt sie aber selten.

§39 Konjunktiv II der Vergangenheit

machen:	Er	**hätte**	eine Reise	**gemacht.**
fahren:	Er	**wäre**	nach Österreich	**gefahren.**
		Konjunktiv II		*Partizip II*
		haben / sein		

☀ *Wie Perfekt → § 35, nur mit Konjunktiv II von haben oder sein → § 38.b*

§40 Konjunktiv I

Präsens:	er	ist	macht	fährt	hat	muss
Konjunktiv I:	er	**sei**	**mache**	**fahre**	**habe**	**müsse**
	sie / Sie	**seien**				

☀ *Gebrauch: nur in schriftlichen Texten in indirekter Rede → Lektion 20, S. 201, nur in der 3. Person Singular (bei sein auch: 3. Person Plural und andere), in allen anderen Formen: Konjunktiv II → § 38.*

§41 Passiv

Präsens:	Er	**wird**	vom Taxifahrer	**abgeholt.**
Präteritum:	Er	**wurde**		**abgeholt.**
		werden		*Partizip II*

Konjugation werden → § 43

mit Modalverb:	Er	**muss**		**abgeholt werden.**
Perfekt:	Er	**ist**	vom Taxifahrer	**abgeholt worden.**

☞ *Aktion:* Die Fenster **werden geschlossen.**
Ergebnis: Die Fenster **sind geschlossen.** (= Die Fenster sind **zu**.)

§42 Imperativ

	kommen	warten	nehmen	anfangen	sein	haben
Sie:	Komm**en** Sie	Wart**en** Sie	Nehm**en** Sie	Fang**en** Sie an	**Seien** Sie ...	Hab**en** Sie ...
du:	Komm	Wart**e**	**Nimm**	Fang an	**Sei** ...	**Hab** ...
ihr:	Komm**t**	Wart**et**	Nehm**t**	Fang**t** an	**Seid** ...	Hab**t** ...

§43 Unregelmäßige Verben

Präsens	sein	haben	werden	möchten
ich	bin	habe	werde	möchte
du	bist	hast	wirst	möchtest
er / sie / es	ist	hat	wird	möchte
wir	sind	haben	werden	möchten
ihr	seid	habt	werdet	möchtet
sie / Sie	sind	haben	werden	möchten

Präteritum				
ich	war	hatte	wurde	(ich wollte)
du	warst	hattest	wurdest	→ § 46
er / sie / es	war	hatte	wurde	
wir	waren	hatten	wurden	
ihr	wart	hattet	wurdet	
sie / Sie	waren	hatten	wurden	

Perfekt				
er / sie / es	ist gewesen	hat gehabt	ist geworden	
			bei Passiv: ist … worden	

§44 Übersicht: Starke Verben

Präsens: 2. und 3. Person Singular: evtl. anderer Vokal als Infinitiv.
Präteritum: anderer Vokal als Infinitiv.
Partizip II: evtl. anderer Vokal als Infinitiv, Endung auf -en.

	kein Vokalwechsel im Präsens			Vokalwechsel im Präsens			
	kommen	fliegen	schreiben	schlafen	geben	helfen	laufen
Präsens							
ich	komme	fliege	schreibe	schlafe	gebe	helfe	laufe
du	kommst	fliegst	schreibst	schläfst	gibst	hilfst	läufst
er / sie / es	kommt	fliegt	schreibt	schläft	gibt	hilft	läuft
wir	kommen	fliegen	schreiben	schlafen	geben	helfen	laufen
ihr	kommt	fliegt	schreibt	schlaft	gebt	helft	lauft
sie / Sie	kommen	fliegen	schreiben	schlafen	geben	helfen	laufen
Präteritum							
ich	kam	flog	schrieb	schlief	gab	half	lief
du	kamst	flogst	schriebst	schliefst	gabst	halfst	liefst
er / sie / es	kam	flog	schrieb	schlief	gab	half	lief
wir	kamen	flogen	schrieben	schliefen	gaben	halfen	liefen
ihr	kamt	flogt	schriebt	schlieft	gabt	halft	lieft
sie / Sie	kamen	flogen	schrieben	schliefen	gaben	halfen	liefen
Konjunktiv II							
er / sie / es	käme	flöge	schriebe	schliefe	gäbe	–	liefe

Perfekt

er / sie / es	ist	ist	hat	hat	hat	hat	ist
	gek**omm**en	gefl**og**en	geschr**ieb**en	geschl**af**en	geg**eb**en	geh**olf**en	gel**auf**en

✳ **Lernformen: So steht es in der Wortliste → S. 232.**

Infinitiv	Präsens (3. P. Sg.)	Präteritum (3. P. Sg.)	Perfekt (3. P. Sg.)
kommen	kommt	kam	ist gekommen
fliegen	fliegt	flog	ist geflogen
schreiben	schreibt	schrieb	hat geschrieben

☞ **Besondere Formen bei einigen Verben:**

ebenso:

stehen	steht	**stand**	hat **gestanden**	bestehen*, entstehen*, verstehen*, aufstehen
schneiden	schneidet	**schnitt**	hat **geschnitten**	abschneiden, zerschneiden*
treffen	trifft	**traf**	hat getroffen	
sitzen	sitzt	**saß**	hat **gesessen**	besitzen*
esse	**isst**	**aß**	hat **gegessen**	vergessen*
nehmen	**nimmt**	nahm	hat **genommen**	abnehmen, annehmen, mitnehmen, teilnehmen, unternehmen*, wegnehmen
schließen	schließt	**schloss**	hat **geschlossen**	abschließen, anschließen, beschließen*, entschließen*
ziehen	zieht	**zog**	hat **gezogen**	anziehen, ausziehen, einziehen, umziehen, vorziehen
tun	tut	**tat**	hat **getan**	wehtun

* Perfekt ohne **ge-**

§45 Gemischte Verben

Infinitiv	Präsens	Präteritum	Perfekt	ebenso:
kennen	kennt	**kannte**	hat **gekannt**	erkennen*
nennen	nennt	**nannte**	hat **genannt**	
brennen	brennt	**brannte**	hat **gebrannt**	abbrennen, verbrennen*
rennen	rennt	**rannte**	ist **gerannt**	wegrennen
denken	denkt	**dachte**	hat **gedacht**	nachdenken
bringen	bringt	**brachte**	hat **gebracht**	anbringen, mitbringen, unterbringen, verbringen*

* Perfekt ohne **ge-**

Präsens: regelmäßig; Präteritum, Perfekt: Stammveränderung + schwache Endungen.

GRAMMATIK

§46 Modalverben und „wissen"

	sollen	wollen	können	dürfen	müssen	mögen	wissen
Präsens							
ich	soll	will	kann	darf	muss	mag	**weiß**
du	sollst	willst	kannst	darfst	musst	magst	**weißt**
er / sie / es	soll	will	kann	darf	muss	mag	**weiß**
wir	sollen	wollen	können	dürfen	müssen	mögen	wissen
ihr	sollt	wollt	könnt	dürft	müsst	mögt	wisst
sie / Sie	sollen	wollen	können	dürfen	müssen	mögen	wissen
Präteritum							
ich	sollte	wollte	konnte	durfte	musste	mochte	wusste
du	solltest	wolltest	konntest	durftest	musstest	mochtest	wusstest
er / sie / es	sollte	wollte	konnte	durfte	musste	mochte	wusste
wir	sollten	wollten	konnten	durften	mussten	mochten	wussten
ihr	solltet	wolltet	konntet	durftet	musstet	mochtet	wusstet
sie / Sie	sollten	wollten	konnten	durften	mussten	mochten	wussten
Perfekt							
*er / sie / es	hat gesollt	hat gewollt	hat gekonnt	hat gedurft	hat gemusst	hat gemocht	hat gewusst
	hat sollen	hat wollen	hat können	hat dürfen	hat müssen	hat mögen	

* mit Infinitiv statt Partizip II: → Lektion 15, S. 151

§47 Verben mit trennbarem Verbzusatz

Verbzusatz zusammen mit dem Verb:

Er will seinen Freund **ab**holen.
Er hat seinen Freund **ab**geholt.
Er wird von seinem Freund **ab**geholt.
Er keine Zeit, seinen Freund **ab**zuholen.
Sie möchte, dass er seinen Freund **ab**holt.

Verbzusatz getrennt vom Verb:

Er	holt	seinen Freund	**ab**.
Er	holte	seinen Freund	**ab**.
	Holt	er seinen Freund	**ab**?
	Hol	bitte deinen Freund	**ab**.

trennbarer Verbzusatz (betont)

* So steht es in der Wortliste → S. 232.

Partizip: *ab**ge**holt*
Infinitiv mit **zu**: *ab**zu**holen*

ab·holen	ein·kaufen	nach·denken	vor·schlagen
an·fangen	fern·sehen	statt·finden	weh·tun
auf·hören	fest·halten	teil·nehmen	zu·machen
aus·machen	mit·kommen	um·ziehen	

A16

§48 Verben mit untrennbarem Verbzusatz

Typische untrennbare Verbzusätze: **be-, emp-, ent-, er-, ge-, ver-, zer-**

Infinitiv	Präsens 3. P. Sg.	Perfekt 3. P. Sg.	ebenso:
beschäftigen	beschäftigt	hat beschäftigt	bedeuten, beginnen, behalten, bekommen …
empfehlen	empfiehlt	hat empfohlen	empfangen
entdecken	entdeckt	hat entdeckt	enthalten, entscheiden, entschuldigen …
erkennen	erkennt	hat erkannt	erfahren, erfinden, erhalten, erholen, erinnern …
gelingen	gelingt	ist gelungen	gebrauchen, gefallen, gehören, geschehen …
verändern	verändert	hat verändert	verbessern, verbinden, verdienen, vergessen …
zerbrechen	zerbricht	hat zerbrochen	zerreißen, zerschneiden, zerstören …

↑ *Betonung auf Verbstamm*   ↑ *Partizip II ohne* ge-

☞ nicht verwechseln:

Infinitiv	Perfekt	Infinitiv	Perfekt
gefallen	hat **gefallen**	gehören	hat **gehört**
fallen	ist **gefallen**	hören	hat **gehört**

§49 Partizip I und II

Infinitiv:	spielen	singen	stehen	sein
Partizip I = Infinitiv + **d**	spielen**d**	singen**d**	stehen**d**	seiend
Partizip II → § 35.b	**ge**spiel**t**	**ge**sung**en**	**ge**stand**en**	**ge**wes**en**

Partizipien als Adjektive → § 16

Partizip I	Der **schlafende** Hund liegt unter dem Tisch.	(Der Hund liegt unter dem Tisch und schläft.)
Partizip II	Der Hund frisst den **verbrannten** Braten.	(Der Braten ist verbrannt. Der Hund frisst ihn.)

Verben und Ergänzungen

§50 Verben ohne Ergänzung

Was tun?	Was tut er?	Er **schläft**.

Ebenso: aufstehen, baden, blühen, brennen, erschrecken, frieren, funktionieren, husten, lachen, …

Ausdrücke mit **es***:* es geht, es klappt, es regnet, es schneit …

§51 Verben mit Ergänzungen

a) Verb + Nominativergänzung

Wer?	sein	Wer ist das?	Das ist **Rolf Schneider**.
Was?	sein	Was ist er?	Er ist **Student**.
	werden	Was wird er?	Er wird **Lehrer**.
Wie?	heißen	Wie heißt sie?	Sie heißt **Karin**.
	sein	Wie ist sie?	Sie ist **nett**.

b) Verb + Akkusativergänzung

Was?		Was sucht sie?	Sie sucht **einen Stuhl**.
Wen?	suchen	Wen sucht sie?	Sie sucht **den Verkäufer**.

Ebenso: abholen, ansehen, anziehen, bauen, bekommen, bemerken, besuchen, bringen, einladen, entdecken, erkennen, essen …

c) Verb + Dativergänzung

Wem?	gehören	Wem gehört das Buch?	Das Buch gehört **mir**.

Ebenso: begegnen, einfallen, fehlen, folgen, gefallen, gelingen, helfen, nützen, passen, schmecken, stehen *(Kleidung)*, wehtun, zuhören, zuschauen.

d) Verb + Dativergänzung + Akkusativergänzung

Wem? Was?	geben	Wem gibt er was?	Er gibt **dem Kind einen Luftballon**.

Ebenso: anbieten, besorgen, bringen, empfehlen, erzählen, mitbringen, mitteilen, schenken, schicken, stehlen, vorschlagen, zeigen …

e) Verb + Situativergänzung

Wo?	wohnen	Wo wohnt sie?	Sie wohnt **in der Schweiz**.

Ebenso: bleiben, hängen, liegen, sein, sitzen, stehen …

f) Verb + Direktivergänzung

Wohin?	gehen	Wohin geht er?	Er geht **auf den Balkon**.

Ebenso: fahren, kommen, laufen, reisen, rennen, springen, steigen …

g) Verb + Herkunftsergänzung

Woher?	kommen	Woher kommt er?	Er kommt **aus dem Badezimmer**.

Ebenso: laufen, rennen, springen, steigen …

h) Verb + Akkusativergänzung + Direktivergänzung

Was? Wohin?	stellen	Wohin stellt sie was?	Sie stellt **den Stuhl an den Tisch**.

Ebenso: bringen, hängen, heben, legen, schieben, setzen, werfen …

i) Verb + Akkusativergänzung + Herkunftsergänzung

Was? Woher?	nehmen	Woher nimmt er das Glas?	Er nimmt **das Glas aus dem Schrank**.

Ebenso: heben, holen, reißen …

j) Verb + Verbativergänzung

Was tun?	gehen	Was machen sie heute?	Sie gehen heute **tanzen**.
Wen? Was tun?	lassen	Was lässt sie ihn tun?	Sie lässt **ihn die Suppe koch**en.

Ebenso: fühlen, hören, sehen …

k) Verb + Präpositionalergänzung

An wen? Woran?	denken	An wen denkt er? Woran denkt sie?	Er denkt **an seine Freundin**. Sie denkt **an das neue Kleid**.
Auf wen? Worauf?	warten	Auf wen wartet er? Worauf wartet sie?	Er wartet **auf seine Freundin**. Sie wartet **auf den Bus**.
Nach wem? Wonach?	fragen	Nach wem fragt er? Wonach fragt sie?	Er fragt **nach dem Chef**. Sie fragt **nach dem Weg**.

Ebenso:

bestehen	aus	
anmelden, sich entschuldigen, sich erkundigen, helfen	bei	
anfangen, aufhören, beginnen, sich beschäftigen, schimpfen, spielen, sprechen, telefonieren, sich unterhalten, sich verabreden, vergleichen, verwechseln	mit	
sich erkundigen, fragen, riechen, schauen, schmecken, suchen	nach	*+ Dativ*
abhängen, berichten, erzählen, reden, träumen, sich verabschieden, verlangen	von	
dienen, einladen, sich entschließen, führen, gehören, gratulieren, passen, verwenden	zu	
liegen, teilnehmen	an	
schützen, warnen, Angst haben	vor	

demonstrieren, sich entscheiden, sich entschuldigen, halten, sich interessieren, kämpfen, sein, sorgen, sparen, streiken	für	
demonstrieren, sich entscheiden, kämpfen, sein, streiken	gegen	
sich bemühen, sich bewerben, sich kümmern, weinen	um	
sich verlieben	in	*+ Akkusativ*
denken, sich erinnern, sich gewöhnen, glauben, schicken, schreiben	an	
achten, antworten, sich freuen, hoffen, hören, sich vorbereiten, warten	auf	
sich ärgern, sich aufregen, sich beschweren, diskutieren, sich freuen, klagen, lächeln, lachen, reden, schimpfen, sich unterhalten, sich wundern	über	

§52 Die Verbklammer

Verbklammer

Vorfeld	Verb (1)	Mittelfeld			Verb (2)
Herr Noll	kommt.				
Herr Noll	kommt			aus Wien.	
Herr Noll	soll		heute	aus Wien	kommen.
Herr Noll	ist		heute	aus Wien	gekommen.
	Kommt	Herr Noll		aus Wien?	
	Ist	Herr Noll	heute	aus Wien	gekommen?
Woher	soll	Herr Noll	heute		kommen?
Aus Wien	soll	Herr Noll	heute		kommen.
Wann	ist	Herr Noll		aus Wien	gekommen?
Heute	ist	Herr Noll		aus Wien	gekommen.
Wann	kommt	Frau Nolte			an?
Frau Nolte	kommt		um 17 Uhr		an.
Wir	müssen	sie	um 17 Uhr	vom Bahnhof	abholen.
	Kommen	Sie	bitte		mit!
..., dass		Frau Nolte	heute		ankommt.
..., weil		Frau Nolte	um 17 Uhr		angekommen ist.

§53 Das Vorfeld

Vorfeld	Verb (1)	Mittelfeld			Verb (2)
		Subjekt	Angabe	Ergänzung	
	Kann	Volker	in 2 Minuten	6 Gesichter	zeichnen?
Volker	kann		in 2 Minuten	6 Gesichter	zeichnen.
In zwei Minuten	kann	Volker		6 Gesichter	zeichnen.
Sechs Gesichter	kann	Volker	in 2 Minuten		zeichnen.
Wenn Volker will,	kann	er	in 2 Minuten	6 Gesichter	zeichnen.

Vorfeld: leer, Subjekt, Angabe, Ergänzung oder Nebensatz.

§54 Verb (2)

Vorfeld	Verb (1)	Mittelfeld			Verb (2)
		Subjekt	Angabe	Ergänzung	
Der Verkäufer	schließt			die Tür.	
Er	schließt		abends	die Tür	ab.
Abends	muss	er		die Tür	abschließen.
Abends	wird	die Tür	von ihm		abgeschlossen.
Er	hat		heute Abend	die Tür	abgeschlossen.
..., dass		Frau Nolte	heute		ankommt.
..., weil		Frau Nolte	um 17 Uhr		ankommen soll.
..., ob		sie	um 17 Uhr		angekommen ist.

Verb (2) : leer, trennbarer Verbzusatz, Infinitiv, Partizip, oder Verb im Nebensatz.

§55 Das Mittelfeld

a) Ergänzung: Nomen

Vorfeld	Verb (1)	Mittelfeld			Verb (2)
		Subjekt	Angabe	Ergänzung	
	Hat	er	schon	die Tür	abgeschlossen?
Er	muss		noch	die Tür	abschließen.

b) Ergänzung: Nomen oder Pronomen

Vorfeld	Verb (1)	Mittelfeld			Verb (2)
		Subjekt	Ergänzung	Angabe	
	Hat	er	die Tür	schon	abgeschlossen?
	Hat	er	sie	schon	abgeschlossen?
Er	muss		die Tür	noch	abschließen.
Er	muss		sie	noch	abschließen.

c) 2 Ergänzungen

Vorfeld	Verb (1)	Mittelfeld				Verb (2)
		Subjekt	Ergänzung(en)		Angabe	Ergänzung	
Er	bringt		seiner Frau		heute	Blumen	mit.
Er	bringt		sie	ihr	heute		mit.
Heute	bringt	er	sie	ihr			mit.
Er	bringt		ihr	die Blumen	heute		mit.
Heute	bringt	er	ihr	die	bestimmt		mit.

	1.	2.	3.
☞ Ergänzungen:	**Akkusativ:** Personalpronomen	**Dativ:** Nomen oder Personalpronomen	**Akkusativ:** Nomen oder Definitpronomen

§56 Satzverbindung: Zwei Hauptsätze

a) mit Junktoren und, aber, oder, denn, sondern

Junktor	Vorfeld	Verb (1)	Mittelfeld			Verb (2)
			Subjekt	Angabe	Ergänzung	
	Bernd	ist			Reporter.	
	Er	kann		nur selten	zu Hause	sein.
	Bernd	ist			Reporter	
und	er	kann		nur selten	zu Hause	sein.

Subjekt: keine Positionsänderung

b) mit Adverbien im Vorfeld: deshalb, darum, danach, trotzdem, also …

	Vorfeld	Verb (1)		Angabe	Ergänzung	Verb (2)
	Bernd	ist			Reporter.	
	Er	kann		**deshalb** nur selten	zu Hause	sein.
	Bernd	ist			Reporter,	
	deshalb	kann	**er**	nur selten	zu Hause	sein.

Subjekt: Positionsänderung

§57 Satzgefüge: Hauptsatz und Nebensatz

a) Hauptsatz + Nebensatz

Junktor	Vorfeld	Verb (1)	Mittelfeld			Verb (2)
			Subjekt	Angabe	Ergänzung	
	Bernd	kann		nur selten	zu Hause	sein.
	Er	**ist**			Reporter.	
	Bernd	kann		nur selten	zu Hause	sein.
weil			er		Reporter	**ist.**

Im Nebensatz: Verb an Position Verb (2).

b) Nebensatz + Hauptsatz

	Verb (1)	Subjekt	Angabe	Ergänzung	Verb (2)
Weil Bernd Reporter ist,	kann	er	nur selten	zu Hause	sein.
Wenn Maria kommt,	bringt	sie	hoffentlich	eine Nachricht	mit.

☞ *Nebensatz = Vorfeld des Hauptsatzes; Subjekt im Hauptsatz: Positionsänderung.*

Nebensatz-Junktoren:

als	Als Maria kam, war Curt froh.
wenn	Wenn Maria kommt, hat sie eine Nachricht. / Wenn Maria käme, hätte sie eine Nachricht. → *§ 38*
während	Curt isst Kuchen, während er auf Maria wartet. / Curt ist nervös, während Maria ruhig ist.
bis	Curt wartet, bis Maria kommt.
bevor	Bevor Maria kam, hatte Curt zwei Stück Kuchen gegessen.
nachdem	Nachdem Maria sich gesetzt hatte, bestellte sie ein Eis.
sobald	Sobald Maria kommt, bestellt sie sicher einen Tee.
seit	Seit Curt im Café saß, wartete er auf Maria.
weil	Curt saß im Café, weil er auf Maria wartete.
da	Da Maria nicht kam, bestellte Curt noch ein Stück Kuchen.
obwohl	Curt isst Kuchen, obwohl er keinen Hunger hat.
damit	Curt ruft die Kellnerin, damit sie ihm noch ein Stück Kuchen bringt.
sodass	Maria sagt nichts, sodass Kurt noch nervöser wird.
so …, dass	Kurt ist so nervös, dass sein Puls 150 schlägt.
dass	Kurt hofft, dass Maria bald kommt.
ob	Kurt weiß nicht, ob Maria bald kommt. → *§ 58*

§58 Indirekte Frage

a) mit Fragewort

Vorfeld	Verb (1)	Mittelfeld			Verb (2)
		Subjekt	Angabe	Ergänzung	
Wann	beginnt	das Fußballspiel	endlich?		
Die Frau	fragt,				
wann		das Fußballspiel	endlich		**beginnt.**

b) ohne Fragewort

Junktor	Vorfeld	Verb (1)	Mittelfeld			Verb (2)
			Subjekt	Angabe	Ergänzung	
		Beginnt	das Fußballspiel	pünktlich?		
	Die Frau	fragt,				
ob			das Fußballspiel	pünktlich		**beginnt.**

§59 Relativsatz

Vorfeld	Verb (1)	Mittelfeld			Verb (2)
		Subjekt	Angabe	Ergänzung	
Das	ist	ein Delfin,			
der				im Zoo	**lebt.**
den		man	jeden Tag	im Zoo	**sehen kann.**

Relativsatz = Nebensatz: Verb an Position Verb (2).
Relativpronomen → § 27

2 Hauptsätze: Der Delfin lebt im Zoo. Er ist nicht glücklich.

Integrierter Relativsatz: Der Delfin, der im Zoo lebt, ist nicht glücklich.
→ *Lektion 13, S. 131*
                                    Relativsatz
                                H a u p t s a t z

§60 Infinitivsatz

a) Infinitiv mit zu

Vorfeld	Verb (1)	Mittelfeld			Verb (2)
		Subjekt	Angabe	Ergänzung	
Heute	möchte	sie	nicht	Tango	tanzen.
Sie	hat		heute	keine Lust, Tango	**zu tanzen.**

b) Infinitiv mit um… zu, ohne… zu

Junktor	Vorfeld	Verb (1)	Mittelfeld			Verb (2)
			Subjekt	Angabe	Ergänzung	
	Heute	möchte	er	gern	Musik	machen.
um	Er	benutzt			den Topf, Musik	**zu machen.**
ohne	Er	geht			aus dem Haus, die Tür	**zuzumachen.**

Infinitiv bei Verben mit trennbarem Verbzusatz: → *§ 47*

Alphabetische Wortliste

Die alphabetische Wortliste enthält alle Wörter dieses Buches mit Angabe der Seiten, auf denen sie zuerst oder in unterschiedlicher Bedeutung vorkommen.

Fett gedruckte Wörter sind Bestandteil des „Zertifikat Deutsch". Bei Nomen stehen das Artikelzeichen (r = der, e = die, s = das) und das Zeichen für die Pluralform. Nomen ohne Angabe der Pluralform verwendet man nicht oder nur selten im Plural. Nomen mit der Angabe „pl" verwendet man nicht oder nur selten im Singular. Bei starken und unregelmäßigen Verben stehen neben dem Infinitiv auch die Präsens-, Präteritum- und Perfektformen. Im Arbeitsbuch findet man zu jeder Lektion eine detaillierte Auflistung des Lernwortschatzes.

ans → an 51, 93, 150
an·schauen 70, 71, 90
an·schließen, schließt an, schloss an, hat angeschlossen 158
anschließend 110, 151
r Anschluss, ⸚e 147
an·schneiden, schneidet an, schnitt an, hat angeschnitten 121
an·sehen, sieht an, sah an, hat angesehen 170, 171, 192
e Ansichtskarte, -n 28
an·sprechen, spricht an, sprach an, hat angesprochen 199, 200
anstatt 151
an·stellen 162
an·streichen, streicht an, strich an, hat angestrichen 58, 64
anstrengend 60
e Antenne, -n 158
e Antwort, -en 51, 70, 83
r Antwortbrief, -e 146
antworten 18, 60, 61
r Anwalt, ⸚e 123
e Anzeige, -n 41, 95, 96
an·ziehen, zieht an, zog an, hat angezogen 100, 101, 173
r Anzug, ⸚e 176
an·zünden 70
s Apartment, -s 146
r Apfel, ⸚ 22, 71, 104
r Apfelbaum, ⸚e 90
r Apfelsaft 84
e Apotheke, -n 55
r Apparat, -e 187
r Appetit 83, 150
applaudieren 197
r April 72
r Aprilscherz, -e 172
s Aquarium, -rien 90
e Arbeit, -en 60, 82, 93
arbeiten 11, 15, 20
r Arbeiter, - 109
r Arbeitgeber, - 162
r Arbeitnehmer, - 161, 163
e Arbeitsbedingung, -en 163
arbeitslos 113
r/e Arbeitslose, -n (ein Arbeitsloser) 140
e Arbeitslosigkeit 178
r Arbeitsplatz, ⸚e 115, 160, 162
s Arbeitsrecht 162

r Arbeitstag, -e 60
r Arbeitsunfall, ⸚e 157
e Arbeitszeit, -en 186
s Arbeitszimmer, - 93
r Architekt, -en 160
s Archiv, -e 198
s Archivfoto, -s 198
ärgerlich 127
ärgern 110, 112, 115
s Argument, -e 141
e Arktis 130
arm 100, 145
r Arm, -e 50, 64, 201
e Art, -en 156
r Artikel, - 54, 120, 163
r Arzt, ⸚e 97, 109, 110
e Ärztin, -nen 18, 50, 51
ärztlich 150
e Arztpraxis, -praxen 55, 158
e Assistentin, -nen 110
r Ast, ⸚e 120
e Atemmaske, -n 50
r Atlantik 36
atmen 50
e Atmosphäre, -n 73
s Attentat, -e 181
e Attraktion, -en 130
attraktiv 140, 141, 182
auch 11, 19, 20
auch nicht 30, 100
auch noch 80
auf 17, 44, 48
auf einmal 62, 67, 172
auf jeden Fall 182
auf keinen Fall 182
auf sein 50
auf Wiedersehen 8, 9
auf·bauen 196
auf·brechen, bricht auf, brach auf, hat / ist aufgebrochen 50
aufeinander 190
auf·fallen, fällt auf, fiel auf, ist aufgefallen 200, 201
auf·fangen, fängt auf, fing auf, hat aufgefangen 124
auf·fordern 123
auf·führen 190
e Aufführung, -en 190
e Aufgabe, -n 160, 161
auf·geben, gibt auf, gab auf, hat aufgegeben 110, 111, 113

auf·gehen, geht auf, ging auf, ist aufgegangen 90, 120, 121
aufgeregt 70, 80, 81
auf·haben 102
auf·halten, hält auf, hielt auf, hat aufgehalten 75
auf·hängen, hängt auf, hängte auf, hat aufgehängt 92
auf·hören 67, 88, 100, 117, 151
auf·kommen, kommt auf, kam auf, ist aufgekommen 161
auf·machen 42, 50, 63
auf·räumen 58, 60, 64
aufrecht 120
auf·regen 113
aufregend 181
e Aufregung, -en 70
auf·reißen, reißt auf, riss auf, hat aufgerissen 171
aufs → auf 112
auf·sagen 71
auf·schieben, schiebt auf, schob auf, hat aufgeschoben 90
auf·schlagen, schlägt auf, schlug auf, hat aufgeschlagen 170
auf·schreiben, schreibt auf, schrieb auf, hat aufgeschrieben 170
auf·sehen, sieht auf, sah auf, hat aufgesehen 170
e Aufsicht, -en 150
r Aufsichtsrat, ⸚e 116
auf·stehen, steht auf, stand auf, ist aufgestanden 43, 44, 60
e Aufstiegsmöglichkeit, -en 115
auf·stoßen, stößt auf, stieß auf, hat aufgestoßen 90
auf·tauchen, ist aufgetaucht 44, 90
r Auftrag, ⸚e 110, 113, 160
auf·treten, tritt auf, trat auf, ist aufgetreten 170
auf·wachen, ist aufgewacht 43, 44, 59
aufwärts 160
r Aufzug, ⸚e 95, 110
s Auge, -n 63, 80, 89
r Augenblick, e 80, 120, 200
s Augenpaar, -e 90
r August 56, 72, 74
s Aupairmädchen, - 110

aus 18, 19, 20
s Aus 60
e Ausbildung, -en 112
r Ausdruck, ⸚e 37, 45, 55
aus·drücken 193
aus·fallen, fällt aus, fiel aus, ist ausgefallen 140
r Ausflug, ⸚e 97, 137, 180
aus·füllen 26, 156, 162
e Ausgabe, -n 161
aus·geben, gibt aus, gab aus, hat ausgegeben 182
aus·gehen, geht aus, ging aus, ist ausgegangen 120, 121
ausgesprochen 100
ausgezeichnet 83, 115
aus·halten, hält aus, hielt aus, hat ausgehalten 206
e Auskunft, ⸚e 162
aus·laden, lädt aus, lud aus, hat ausgeladen 158
s Ausland 110, 111
ausländisch 120
e Auslandsabteilung, -en 110
aus·machen 42, 58, 65
aus·messen, misst aus, maß aus, hat ausgemessen 92
aus·packen 90
aus·probieren 82
aus·rechnen 160
ausreichend 183
aus·ruhen 135
aus·rutschen, ist ausgerutscht 120
e Aussage, -n 82
aus·schalten 42, 46
aus·schlafen, schläft aus, schlief aus, hat ausgeschlafen 88
ausschließlich 140
aus·sehen, sieht aus, sah aus, hat ausgesehen 93, 100, 103
s Aussehen 95, 140
r Außenminister, - 178
außer 158
außerdem 70, 95, 100
außerhalb 180
e Aussicht, -en 90, 137
e Aussprache, -n 184
aus·sprechen, spricht aus, sprach aus, hat ausgesprochen 184

aus·steigen, steigt aus, stieg
   aus, ist ausgestiegen 50,
   57, 63
aus·stellen 191
e Ausstellung, -en 107, 190
aus·suchen 71, 164
Australien 25
ausverkauft 190
aus·wandern, ist ausgewandert
   197
r Ausweis, -e 203
aus·ziehen, zieht aus, zog
   aus, ist ausgezogen 147
s Auto, -s 13, 14, 20
e Autobahn, -en 50
e Autobahnraststätte, -n 118
r Autofahrer, - 50
autofreundlich 182
r Automat, -en 186
r Automechaniker, - 109, 112,
   120
s Automobilunternehmen, -
   116
e Autonummer, -n 54
r Autosammler, - 160
r Autoschlüssel, - 36, 68
e Autowerkstatt, -en 97, 158
s Baby, -s 9, 13, 77
r Babysitter, - 43
r Bach, ̈e 94, 114, 133
backen, bäckt, backte, hat
   gebacken 70, 71
r Bäcker, - 62
e Bäckerei, -en 48
r Bäckerladen, ̈ 204
r Bäckermeister, - 117
r Backofen, ̈ 71
s Bad, ̈er 30, 90, 95
e Badekleidung 195
e Bademütze, -n 39
baden 138, 150, 164
r Badeort, -e 135
r Badesee, -n 126
e Badetemperatur, -en 129
s Badeverbot, -e 123
e Badewanne, -n 52, 90
e Bahn, -en 130, 131, 135
r Bahnhof, ̈e 10, 12, 14
s Bahnhofscafé, -s 53
r Bahnsteig, -e 196
bald 11, 20, 24
r Balkan 132
r Balkon, -s/-e 49, 52, 54
r Ball, ̈e 13, 49, 58

s Ballkleid, -er 190
r Ballon, -s 20
e Banane, -n 78
s Bananeneis 84
e Band, -s 147
e Bank, ̈e 49, 134
e Bank, -en 52, 53, 65
s Bankengesetz, -e 183
r Bankkaufmann, -leute 119
bar 197
r Bär, -en 128
s Bargeld 83
r Bart, ̈e 20, 70, 71
basteln 70
e Batterie, -n 28
r Bau, -ten 130, 180
r Bauch, ̈e 177
Bauchschmerzen (pl) 119
s Bauchweh 119
bauen 110, 120, 128
r Bauer, -n 60, 61, 104
e Bäuerin, -nen 69
s Bauernfrühstück 86
r Bauernhof, ̈e 57, 60
s Baum, ̈e 48, 53, 54
r Baummarkt, ̈e 93
s Baumhaus, ̈er 120
Bayern 60
bayrisch 128, 190
Bayrischer Wald 119
beachten 97
r Beamte, -n (ein Beamter)
   203
beantragen 160
bearbeiten 110
r Becher, - 78, 80
s Becken, - 166
r Bedarf 161
bedecken 130
bedeuten 30, 181
e Bedeutung, -en 176
e Bedienung, -en 80, 81
e Bedingung, -en 197
beenden 162
befestigen 100
befinden, befindet, befand, hat
   befunden 122
befreien 90
befriedigen 160
befriedigend 150
befürchten 163
begegnen, ist begegnet 172
begehen, begeht, beging, hat
   begangen 197

begeistert 130, 160, 195
r Beginn 114
beginnen, beginnt, begann,
   hat begonnen 60, 70, 88
begreifen, begreift, begriff, hat
   begriffen 197
begrüßen 94
behalten, behält, behielt, hat
   behalten 101, 130
behandeln 156
r Behandlungsraum, ̈e 170
behaupten 163, 182, 193
bei 20, 50, 51
beide 50, 51, 83
e Beilage, -n 85
beim → bei 40, 51, 91
s Bein, -e 114, 156
beinahe 161
s Beispiel, -e 28, 30, 31
bekannt 116, 118, 120
bekannt machen 112
r/e Bekannte, -n (ein Be-
   kannter) 110, 162, 172
beklagen 113
bekommen, bekommt, be-
   kam, hat bekommen 53,
   66, 69
belegt 167
beleidigen 100
bemalen 40
bemerken 90, 91, 120
e Bemerkung, -en 150
bemühen 112
benutzen 37, 39, 55
s Benzin 122, 125
r Benzinmotor, -en 179
beobachten 80, 81, 90
bequem 19, 30, 33
beraten, berät, beriet, hat beraten 162
r Berater, - 184
e Beratung, -en 161
e Beratungsfirma, -firmen 161
berechnen 160
r Bereich, -e 162
bereit 152
bereiten 196
bereit·liegen, liegt bereit, lag
   bereit, hat bereitgelegen 165
bereits 50, 130, 140
r Berg, -e 129, 130, 133
e Berghütte, -n 133
s Bergland 132

r Bericht, -e 50
berichten 109, 117, 119
r Berliner, - 95, 163
r Beruf, -e 18, 20, 21
beruflich 110, 111
r Berufsunfall, ̈e 156
berühmt 128, 136, 171
beschäftigen 117, 140, 161
beschäftigt 170, 185
Bescheid wissen 121
beschließen, beschließt, beschloss, hat beschlossen
   150, 151, 183
beschmutzen 40
beschreiben, beschreibt, be-
   schrieb, hat beschrieben
   57, 106, 156
beschweren (sich) 170, 171
r Besen, - 89
besetzt 199
besichtigen 135, 137
e Besichtigung, -en 137
besiegen 140
besitzen, besitzt, besaß, hat
   besessen 160
r Besitzer, - 126
besondere 130, 161, 180
e Besonderheit, -en 130
besonders 80, 107, 127
besorgen 74
besser 82, 103, 104
e Besserung 199
bestätigen 172
beste 76, 81, 97
s Besteck, -e 32
bestehen, besteht, bestand,
   hat bestanden 68, 106, 190
besteigen, besteigt, bestieg,
   hat bestiegen 129
bestellen 23, 80, 81
bestimmen 132
bestimmt 60, 94, 97
bestimmt nicht 60, 146, 165
bestrafen 150
r Besuch, -e 43, 75, 93
besuchen 61, 68, 74
r Besucher, - 175
beteiligen 190
beten 40
betont 15, 24, 34
e Betonung, -en 15, 24, 34
betragen, beträgt, betrug, hat
   betragen 161

betreten, betritt, betrat, hat betreten 40, 41, 170
r Betrieb, -e 158
e Betriebsfeier, -n 169
e Betriebsleitung, -en 163
r Betriebsrat, ⸚e 163
e Betriebswirtschaft 116
**betrügen, betrügt, betrog,
  hat betrogen 40**
s Bett, -en 30, 31, 32
beugen 120
e Bevölkerung, -en 196
bevor 127, 140, 143
bewegen 156
e Bewegung, -en 150
**beweisen, beweist, bewies,
  hat bewiesen 125**
**bewerben (sich), bewirbt, be-
  warb, hat beworben 109,
  110, 113**
e Bewerbung, -en 27
r Bewohner, - 190
bewölkt 132
bezahlen 39, 66, 80
e Beziehung, -en 150
e Bibliothek, -en 190
biegen, biegt, bog, hat gebo-
  gen 90
s Bier, -e 20, 73, 75
**bieten, bietet, bot, hat gebo-
  ten 96, 130**
r Bikini, -s 69
s Bild, -er 35, 46, 54
bilden 190
s Bilderbuch, ⸚er 132
billig 162
e Biologie 30, 31
biologisch 140
e Birne, -n 79
bis 14, 22, 143
bis dann 45
bis heute 190
bis zu 55, 57, 60
bisher 100, 152, 161
bisschen 70, 71, 72
bitte 13, 37, 46
e Bitte, -n 97
**bitten, bittet, bat, hat gebe-
  ten 173**
bitter 79
blamieren 201
blass 190
s Blatt, ⸚er 90, 98, 106
blättern 193

blau 98, 99, 103
s Blaukraut 174
s Blaulicht, -er 50
**bleiben, bleibt, blieb, ist ge-
  blieben 38, 60, 62**
r Blick, -e 80
blind 20
blitzschnell 90
blöd 103
blond 100, 107, 172
r Blondinenwitz, -e 173
bloß 135
blühen 160
e Blume, -n 8, 9, 11
r Blumenladen, ⸚ 53
r Blumenstrauß, ⸚e 68, 143,
  160
e Blumentapete, -n 93
e Blumenvase, -n 98
e Blumenwiese, -n 198
e Bluse, -n 69
s Blut 110
bluten 50, 64, 120
r Boden, ⸚ 114, 188, 189
r Bodensee 136
e Bohne, -n 79
r Bohnensalat, -e 85
bohren 89, 92, 100
e Bohrmaschine, -n 89
Bolivien 117
e Bombe, -n 125
s Bonbon, -s 40, 79, 134
s Boot, -e 94, 114, 130
e Borste, -n 184
böse 77
s Brandzeichen, - 130
r Braten, - 82, 84, 188
**braten, brät, briet, hat gebra-
  ten 86, 168**
e Bratwurst, ⸚e 72, 75, 114
brauchen 20, 29, 30
braun 103, 105, 106
s Brautkleid, -er 174
s Brautpaar, -e 68
brav 70, 100, 101
breit 92, 93
e Breite, -n 92
e Bremse, -n 123
bremsen 123
**brennen, brennt, brannte, hat
  gebrannt 70, 90, 106**
r Brief, -e 11, 14, 54
r Brieffreund, -e 202
r Briefkasten, ⸚ 90

r Briefkastenschlüssel, - 90
e Briefmarke, -n 28, 120
r Briefträger, - 49, 69, 120
e Brille, -n 36, 37, 41
**bringen, bringt, brachte, hat
  gebracht 49, 59, 60**
britisch 183
s Brot, -e 82, 99
s Brötchen, - 62, 82, 84
e Brücke, -n 48, 57, 99
r Bruder, ⸚ 43, 70, 71
brummen 171
e Brust, ⸚e 50
s Buch, ⸚er 30, 31, 34
e Buchausstellung, -en 190
r Buchdruck 179
buchen 123
r Buchhalter, - 169
r Buchhändler, - 49
e Buchmesse, -n 190
r Buchstabe, -n 14
buchstabieren 14
s Bügeleisen, - 89
bügeln 60
e Bühne, -n 190
s Bühnenbild, -er 193
s Bühnenfestspiel, -e 190
r Bund, ⸚e 86
s Bundesamt, ⸚er 162
s Bundesfinanzministerium
  163
r Bundeskanzler, - 169
r Bundespräsident, -en 190
e Bundesregierung, -en 183
e Bundesrepublik 180
e Bundesstraße, -n 57
r Bundestag 183
e Bundeswehr 110
bunt 40, 99, 102
r Buntstift, -e 80
r Bürger, - 187, 196
r Bürgermeister, - 69, 184
e Bürgerversammlung, -en 197
s Büro, -s 46, 103, 111
e Büroarbeit, -en 60
e Bürste, -n 184
bürsten 184
r Bus, -se 8, 24, 57
r Busfahrpreis, -e 182
e Bushaltestelle, -n 55, 57
e Butter 86
s Butterbrot, -e 167
ca. (= zirka) 160, 186
s Café, -s 80, 81

r Camper, - 49
r/s Cartoon, -s 168
e CD-ROM, -s 77
CDU 173
r Champagner 160
e Chance, -n 91, 146, 147
s Chaos 90
r Chef, -s 68, 103, 109
e Chefin, -nen 47, 113
e Chiffre, -n 41
chinesisch 205
r Chor, ⸚e 190
e Christbaumkugel, -n 70
r Christdemokrat, -en 182
Christus 190
e City 130
r Clown, -s 69
s Clubhaus, ⸚er 56
... & Co. 109
e/s Cola, -s 78, 80
r Computer, - 18, 30, 31
r Computerfehler, - 123
s Computergeschäft, -e 55
s Computerlernprogramm, -e
  205
s Computerspiel, -e 77
s Computerterminal, -s 186
r Container, - 50
s Containerschiff, -e 117
e Couch, s/-en 90
r Couchtisch, -e 93
da 11, 13, 14
da sein 62, 102
dabei 60, 61, 92
dabei sein, ist dabei, war dabei, ist dabei gewesen 92
dabei·haben, hat dabei, hatte
  dabei, hat dabeigehabt 83,
  102, 133
da·bleiben, bleibt da, blieb da,
  ist dageblieben 197
s Dach, ⸚er 94, 106, 114
r Dachboden, ⸚ 120, 121, 158
r Dachdecker, - 123
e Dachdeckerin, -nen 113
dadurch 172, 178
dafür 100, 113, 160
dagegen 163
daher kommen 150
damals 100, 110, 150
e Dame, -n 102, 122, 123
damit 77, 89, 90
danach 60, 63, 64
daneben 106

ein·schlafen, schläft ein, schlief ein, ist eingeschlafen 60, 61, 123
ein·setzen 166
ein·sperren 189
ein·steigen, steigt ein, stieg ein, ist eingestiegen 66, 102, 171
ein·stellen 115
ein·tauchen, ist eingetaucht 44
r Eintritt, -e 190
e Eintrittskarte, -n 169
r Eintrittspreis, -e 182
einverstanden 45, 93, 135
ein·weihen 130
e Einweihungsparty, -s 95
r Einwohner, - 26, 190, 191
e Einwohnerin, -nen 26
e Einzelheit, -en 160
einzeln 183
ein·ziehen, zieht ein, zog ein, ist eingezogen 90, 182
einzig 100, 130, 169
r Einzug 91
s Eis 69, 75, 80
r Eisbär, -en 172
r Eisbecher, - 80
r Eisberg, -e 179
e Eischeibe, -n 167
e Eisentür, -en 120
r Eistee 80
e Eiszeit 130
e Eitelkeit 140
r Elefant, -en 204
elegant 176, 178, 190
r Elektriker, - 120
elektrisch 161
s Elektronikunternehmen, - 116
elektronisch 147
Eltern (pl) 23, 32, 60
r Empfang, ¨e 196
empfangen, empfängt, empfing, hat empfangen 124
empfehlen, empfiehlt, empfahl, hat empfohlen 119, 173
empfindlich 173
s Ende, -n 60, 112, 124
endgültig 143
e Endhaltestelle, -n 198
endlich 70, 113, 120
s Endspiel, -e 153
e Energie, -n 161
Energiekosten (pl) 161

e Energiepolitik 183
eng 100
r Engländer, - 179
englisch 27, 110, 202
r Englischunterricht 202
r Enkel, - 114
s Enkelkind, -er 110, 111
entdecken 90, 120, 121
entfernen 170
entfernt 130
enthalten, enthält, enthielt, hat enthalten 160
entkommen, entkommt, entkam, ist entkommen 90
entlassen, entlässt, entließ, hat entlassen 162
entscheiden, entscheidet, entschied, hat entschieden 50, 110, 146
e Entscheidung, -en 110, 147
entschließen (sich) , entschließt, entschloss, hat entschlossen 110, 111, 117
entschuldigen 170
e Entschuldigung, -en 150, 169, 199
entsetzlich 181
entstehen, entsteht, entstand, ist entstanden 178
enttäuscht 192, 203
entweder … oder 168
entwerfen, entwirft, entwarf, hat entworfen 160
entwickeln 100, 140, 161
e Entwicklung, -en 190
entzückend 100
entzückt 144
er 10, 13, 18
e Erdbeere, -n 82
e Erde 140, 179
s Erdgeschoss, -e 158
s Ereignis, -se 130, 180, 190
erfahren, erfährt, erfuhr, hat erfahren 70
e Erfahrung, -en 110, 140, 141
erfinden, erfindet, erfand, hat erfunden 179
r Erfolg, -e 75, 126, 140
erfolgreich 118
e Erfolgsgeschichte, -n 160
ergänzen 9, 14, 15
s Ergebnis, -se 162, 165
erhalten, erhält, erhielt, hat erhalten 190

erhöhen 161
e Erhöhung, -en 163
erholen (sich) 135
erinnern (sich) 115, 180
e Erinnerung, -en 70
erkältet 152
e Erkältung, -en 152
erkennen, erkennt, erkannte, hat erkannt 20, 21, 24
erklären 152, 161, 176
e Erklärung, -en 153
erkundigen (sich) 109, 149, 154
erleben 120, 130, 175
s Erlebnis, -se 120
erledigen 75, 177
ermorden 125
e Ermordung, -en 180
ernähren 130
e Ernährung 152
erneuern 110
ernst 145
eröffnen 160, 161, 183
erreichen 132
erscheinen, erscheint, erschien, ist erschienen 190
erschrecken, erschreckt, erschreckte, hat erschreckt 169, 204
erschrecken, erschrickt, erschrak, ist erschrocken 90
erst 19, 42, 51
erst einmal 93, 110
erst mal 80
erste 55, 70, 72
erstens 100
ertrinken, ertrinkt, ertrank, ist ertrunken 39
erwachsen 100, 138
r /e Erwachsene, -n 100, 101, 180 (ein Erwachsener)
erwarten 92, 130, 163
erwerben, erwirbt, erwarb, hat erworben 162
erzählen 60, 93, 102
e Erzieherin, -nen 193
r Erziehungsurlaub 110
es 10, 13, 21
es leicht haben 150
s Essen, - 73, 82, 83
essen, isst, aß, hat gegessen 40, 41, 42
essen gehen 46
s Esszimmer, - 92

etwa 20, 163
etwas 64, 70, 71
euch 70, 71, 75
euer 19, 57
r Euro, -s 32, 66, 85
Europa 17, 130, 131
europäisch 163
r Eurotunnel 179
ewig 130
s Examen, - 68, 75
e Existenz, -en 162
e Exportabteilung, -en 116
e Exportchance, -n 178
e Exportwirtschaft 183
r Express 130
extra 60
fabelhaft 137
e Fabrik, -en 161, 167
e Facharbeiterin, -nen 162
r Fachmann, Fachleute 186
e Fahne, -n 180
fahren, fährt, fuhr, ist gefahren 43, 45, 46
r Fahrer, - 50, 51, 90
e Fahrerin, -nen 134
r Fahrgast, ¨e 126
e Fahrkarte, -n 13
r Fahrkartenautomat, -en 12
s Fahrrad, ¨er 45, 49, 57
r Fahrstuhl, ¨e 120, 121
e Fahrt, -en 53, 75, 90
r Fall, ¨e 97, 135, 143
fallen, fällt, fiel, ist gefallen 90, 94, 107
fallen lassen 150, 151
falsch 11, 19, 21, 175, 177
e Falte, -n 140
faltig 140
Fam. → Familie 96
e Familie, -n 18, 32, 60
familienfreundlich 182
r Familienhund, -e 145
r Familienname, -n 20
r Familienstand 21
fangen, fängt, fing, hat gefangen 120, 121
fantastisch 17, 140, 146
e Farbe, -n 76, 89
färben 172
s Fass, ¨er 85
fast 33, 60, 114
faszinierend 206
faul 150
s Fax, -e 26, 27, 37

e Faxnummer, -n 26
FDP 182
r Februar 72, 74, 117
r Federball, ⸚e 45
fehlen 72, 90, 98
r Fehler, - 110, 160, 165
e Feier, -n 95, 173, 175
r Feierabend, -e 60
feiern 57, 68, 70
r Feiertag, -e 160
s Feld, -er 60
s Fell, -e 130
r Felsen, - 130
s Fenster, - 42, 47, 54
s Fensterbrett, -er 158
r Fensterladen, ⸚ 97
Ferien (pl) 75, 103
e Ferienwohnung, -en 119
fern 186
e Fernfahrerin, -nen 113
s Fernglas, ⸚er 125
r Fernsehabend, -e 180
r Fernsehapparat, -e 180
s Fernsehbild, -er 181
e Fernsehdiskussion, -en 112
s Fernsehen 150, 190
**fern·sehen, sieht fern, sah
   fern, hat ferngesehen 60,
   93**
r Fernseher, - 30, 31, 34
r Fernsehfilm, -e 47
r Fernsehkoch, ⸚e 204
r Fernsehmechaniker, - 160
s Fernsehquiz, - 133
r Fernsehsessel, - 93
fertig 60, 132, 165
fest 96, 97, 100
s Fest, -e 70, 77, 128
s Festessen, - 71
**fest·halten, hält fest, hielt
   fest, hat festgehalten 120,
   188**
s Festival, -s 190
fest·legen 147
s Festspiel, -e 171, 190, 191
s Festspielhaus, ⸚er 190
fest·stellen 150, 156, 164
fett 79
s Fett, -e 150
feucht 130, 131
e Feuchtigkeit 146
s Feuer, - 114
e Feuerwehr, -en 97

r Feuerwehrmann, ⸚er (Feuerwehrleute) 50, 51, 204
s Feuerzeug, -e 28, 33
s Fieber 152
e Figur, -en 150, 151, 193
e Filiale, -n 110, 111, 116
r Film, -e 28, 30, 31
filmen 181
r Filmschauspieler, - 170
e Finanzabteilung, -en 116
finanzieren 110
e Finanzsituation, -en 182
**finden, findet, fand, hat ge-
   funden 28, 30, 31**
r Finger, - 120, 121
finnisch 135
e Firma, Firmen 68, 109, 113
r Fisch, -e 48, 49, 79
fischen 174
e Fischplatte, -n 85
s Fischstäbchen, - 79
fit 140
flach 100
s Flachdach, ⸚er 174
e Fläche, -n 190
e Flasche, -n 13, 24, 48
r Fleck, -e(n), 100, 101
s Fleisch 83, 127, 152
s Fleischgericht, -e 203
r Fleischkloß, ⸚e 204
fleißig 20, 24
e Fliege, -n 140, 141
**fliegen, fliegt, flog, hat / ist
   geflogen 47, 59, 63**
fliehen, flieht, floh, ist geflohen
   125, 163
**fließen, fließt, floss, ist ge-
   flossen 124, 130**
flirten 204
r Flohmarkt, ⸚e 118, 128
e Flöte, -n 134
flüchten, ist geflüchtet 90
flüchtig 80
r Flug, ⸚e 74
r Flughafen, ⸚ 53
r Flugplatz, ⸚e 110, 122
s Flugzeug, -e 63, 102, 110
r Flur, -e 90, 92
r Fluss, ⸚e 64, 99, 114
s Flusspferd, -e 204
s Flusstal, ⸚er 132
r Föhn, -e 89, 90
föhnen 172
e Folge, -n 194

folgen, ist gefolgt 68, 69, 127
folgend 17, 37, 45
fördern 182
e Form, -en 186, 193, 200
s Formular, -e 26
formulieren 31
r Forscher, - 140
e Forschung, -en 140
r Fortschritt, -e 201
fort·setzen 110
s Foto, -s 12, 27, 120
r Fotoapparat, -e 28, 31
s Fotoarchiv, -e 30
r Fotograf, -en 18
e Fotografie, -n 200
fotografieren 31, 39, 66
e Fotografin, -nen 30, 69
s Fotolabor, -s/-e 30
s Fotomodell, -e 118
r Foxterrier, - 146
e Frage, -n 100, 140, 143
r Fragebogen, - 162
fragen 18, 43, 60
r Franken, - 126
frankieren 165
Frankreich 25
r Franzose, -n 179
französisch 27, 116, 202
e Frau, -en 8, 9, 10
frech 100
frei 32, 83, 110
frei·haben 113
e Freiheit, -en 30, 31, 32
frei·kommen, kommt frei, kam
   frei, ist freigekommen 120
e Freilichtbühne, -n 190
frei·machen 50
r Freitag, -e 17, 95
e Freizeit 137, 150, 181
e Freizeitanlage, -n 140
s Freizeitprogramm, -e 143
r Freizeitunfall, ⸚e 156
fremd 193
**e Fremdsprache, -n 172, 187,
   202**
**fressen, frisst, fraß, hat ge-
   fressen 62, 154**
e Freude, -n 202
freuen (sich) 25, 110, 112
r Freund, -e 18, 23, 93
e Freundin, -nen 23, 68, 73
freundlich 17, 75, 124
e Freundschaft, -en 147
r Frieden 162

friedlich 204
**frieren, friert, fror, hat gefro-
   ren 172**
frisch 154, 160
s Frischobst 204
r Friseur, -e 20, 100
r Friseursalon, -s 193
e Frisur, -en 100
froh 119, 172
fröhlich 76, 77, 82
früh 60, 61, 70
früher 60, 61, 70
r Frühling 137
frühmorgens 61
s Frühstück 60, 61, 153
frühstücken 60, 62, 82
e Frühstücksart, -en 161
s Frühstücksbrot, -e 127
s Frühstücksei, -er 173
r Frühstücksservice 160
r Fuchs, ⸚e 60
fühlen 140
führen 127, 202
r Führerschein, -e 68
e Führerscheinprüfung, -en 76
füllen 60
r/e Fünfjährige, -n (ein Fünfjähriger) 118
fünfzehnjährig 125
funkeln 70, 80
funktionieren 33, 123, 151
für 8, 9, 20
furchtbar 70, 110, 180
fürchten 90
r Fuß, ⸚e 57, 94, 120
r Fußball, ⸚e 59, 60
s Fußballspiel, -e 148, 149
r Fußballverein, -e 118
r Fußgänger, - 130
e Fußgängerzone, -n 122
füttern 60, 61, 65
s Futur 178
e Gabel, -n 28, 33
r Gangster, - 122
e Gans, ⸚e 71
r Gänsebraten, - 79
ganz 43, 55, 70
ganz schön 177
s Ganze 86
gar kein 112
gar nicht 14, 63, 102
gar nichts 150
e Garage, -n 65, 120, 121

s Garagentor, -e 97, 120
e Garantie, -n 162
e Garderobe, -n 80
r Garten, ⸚ 60, 90, 96
e Gartenarbeit, -en 120
s Gartenhaus, ⸚er 174
e Gartenliege, -n 204
r Gärtner, - 193
s Gas, -e 65
r Gaskocher, - 30
r Gast, ⸚e 52, 60, 68
e Gästetoilette, -n 95
s Gästezimmer, - 93
e Gastgeberin, -nen 170
s Gasthaus, ⸚er 85, 133, 170
geb. → geboren 117
s Gebäude, - 160
geben, gibt, gab, hat gegeben 30, 37, 51
s Gebiet, -e 161
s Gebirge, - 130
s Gebirgsdorf, ⸚er 190
geboren 26, 110, 117
gebrauchen 141
e Gebrauchsanweisung, -en 160
gebrochen 156
e Gebühr, -en 160
e Geburt, -en 110
s Geburtsjahr, -e 180
r Geburtsort, -e 26
r Geburtstag, -e 23, 41, 57
e Geburtstagsfeier, -n 56
s Geburtstagsgeschenk, -e 100
r Gedanke, -n 100, 140, 143
s Gedankenspiel, -e 179
s Gedicht, -e 71
e Geduld 143
geduldig 130
geehrte 27
e Gefahr, -en 183
gefährlich 120, 125, 152
gefallen, gefällt, gefiel, hat gefallen 69, 92, 115
gefallen lassen 150
gefangen 90, 120
s Geflügel 79
s Gefühl, -e 100
gefüllt 71
gegen 53, 54, 60
e Gegend, -en 125, 135
e Gegenrichtung 130
gegenseitig 172
r Gegenstand, ⸚e 160

gegenüber 125
gegrillt 194
s Gehalt, ⸚er 113, 115
geheimnisvoll 200
gehen, geht, ging, ist gegangen 10, 38, 40
gehören 140, 145, 148
e Geige, -n 170
geistig 140
gekocht 165, 167
gelangweilt 193
gelb 98, 99, 100
s Geld 20, 30, 49
r Geldautomat, -en 8, 9
s Geldstück, -e 123
e Gelegenheit, -en 147
gelegentlich 100
r/e Geliebte, -n (ein Geliebter) 197
gelingen, gelingt, gelang, ist gelungen 88, 120, 121
gelten lassen 150
gemeinsam 93
e Gemeinschaft, -en 196
s Gemüse 79, 150
r Gemüsehändler, - 184
e Gemüsesuppe, -n 85
gemütlich 72, 93, 120
genau 22, 100, 157
genauso 100, 140, 141
e Generation, -en 119, 140
genießen, genießt, genoss, hat genossen 124, 140
r Genitiv, -e 111
genug 80, 90, 100
genügen 160
genügend 137
geöffnet 171
s Gepäck 13, 14
s Gepäckfach, ⸚er 199
s Gepäckstück, -e 170
gerade 65, 90, 92
geradeaus 55
s Gerät, -e 150
s Geräusch, -e 120, 121
e Gerechtigkeit 197
geregelt 187
s Gericht, -e 85, 86, 123
gern 18, 20, 21
gerne 31, 71, 84
gesamt 161
e Gesamtdauer 190
s Geschäft, -e 37, 49, 117

r Geschäftsführer, - 110, 111, 113
e Geschäftsidee, -n 160
r Geschäftsmann, -leute 160
geschehen, geschieht, geschah, ist geschehen 196
s Geschenk, -e 70, 71, 114
s Geschenkpäckchen, - 200
e Geschichte, -n 120, 125, 127
geschieden 20, 24
s Geschirr 59, 64, 65
r Geschirrspüler, - 30, 31, 32
s Geschlecht, -er 26
geschlossen 72, 128, 165
r Geschmack, ⸚e 100, 101, 150
geschmückt 194
s Geschwätz 193
Geschwister (pl) 119
e Gesellschaft, -en 140
gesellschaftlich 190
s Gesetz, -e 183
s Gesicht, -er 20, 21, 24
s Gespräch, -e 12, 13, 15
r Gesprächspartner, - 187
e Gesprächspsychologie 162
s Gesprächsthema, -themen 180
gestern 63, 64, 65
gestrichen 90
gesucht 176
gesund 79, 82, 153
e Gesundheit 146, 152
s Getränk, -e 78, 79, 85
getrennt 146
e Gewerkschaft, -en 162
s Gewicht, -e 27, 114, 150
r Gewinn, -e 140, 141
gewinnen, gewinnt, gewann, hat gewonnen 69, 82, 178
r Gewinner, - 182
s Gewitter, - 132
gewöhnen (sich) 150
e Gewohnheit, -en 180
gewöhnlich 60
gewünscht 160
gewürzt 170
Ghana 25
e Gicht 140
gießen, gießt, goss, hat gegossen 86, 124, 133
giftig 161
e Gitarre, -n 41, 45
s Glas, ⸚er 63, 76, 78
glatt 89

glauben 125, 147, 155
gleich 90, 110, 111
gleichfalls 83
gleichzeitig 88, 97
s Glück 60, 73, 75
glücklich 11, 13, 23
glücklicherweise 160
r Glückspilz, -e 120
r Glückwunsch, ⸚e 76, 77, 147
e Glühbirne, -n 90, 92
r Glühwein, -e 72
e GmbH, -s 27
s Goethehaus, ⸚er 128
r Goetheplatz, ⸚e 55
s Gold 130
r Goldberg, -e 130
goldbraun 86
golden 119
r Golf 50
r Golffahrer, - 51
r Gorilla, -s 66
graben, gräbt, grub, hat gegraben 59, 119
r/s Grad, -e 118
e Grafik, -en 182
e Grafikerin, -nen 110
s Gramm 22
e Grammatik, -en 201
e Grammatikübung, -en 202
s Gras, ⸚er 130
gratulieren 68, 69
grau 100, 101, 103
graublau 80
Greenpeace 183
greifen, greift, griff, hat gegriffen 90
e Grenze, -n 132
Griechenland 30
griechisch 135
s Griechisch 202
r Griff, -e 97
grillen 79, 97, 143
e Grippe 152
groß 24, 27, 190
Großbritannien 25
e Größe, -n 27
Großeltern (pl) 23, 70, 140
e Großmutter, ⸚ 15, 61, 68
e Großstadt, ⸚e 196
r Großvater, ⸚ 15, 61, 70
e Großveranstaltung, -en 190
großzügig 197
e Großzügigkeit 196
grün 98, 100, 101

A32

r Grund, ⸚e 150
gründen 179, 190
grundsätzlich 152
e Grundschule, -n 112
e Grünen 173, 182
r Gruß, ⸚e 14, 17, 24, 34, 47
grüß dich 74
grüßen 71
e Grußkarte, -n 77
e Gulaschsuppe, -n 118
r Gummistiefel, - 29, 33, 35
günstig 161
e Gurke, -n 78, 79
r Gurkensalat, -e 85
gut 8, 9, 17
gut gehen 120
gut tun 193
gute Nacht 94
guten Abend 25
guten Appetit 83
guten Morgen 25, 62, 63
guten Tag 8, 15, 25
r Gymnasiallehrer, - 180
r Gymnasiast, -en 181
s Gymnasium, -sien 110, 112
s Haar, -e 20, 24, 89
haben, hat, hatte, hat gehabt 18, 19, 20
haben wollen 100
hacken 86
r Hafen, ⸚ 50, 51
s Hafenkrankenhaus, ⸚er 50
r Haken, - 50, 51
halb 60, 61, 80
halb acht 60
halbtags 112
e Hälfte, -n 161, 190, 191
hallo 8, 9, 15
r Hals, ⸚e 120
s Halskettchen, - 206
e Halskette, -n 69
Halsschmerzen (pl) 152
s Halstuch, ⸚er 124, 130
halt 8, 9, 65
halten, hält, hielt, hat gehalten 50, 61, 80, 122
e Haltestelle, -n 57, 102
r Hamburger, - 41, 50, 51
r Hammer, ⸚ 28
e Hand, ⸚e 50, 60, 61
s Handballspiel, -e 148
r Handel 160
handeln 109
s Handelsrecht 110

r Händler, - 118
e Handlung, -en 195
r Handschuh, -e 69
e Handtasche, -n 52, 80, 98
s Handy, -s 180
hängen, hängt, hängte, hat gehängt 52, 54
hängen, hängt, hing, hat gehangen 52, 54, 92
hart 50
hassen 100, 184
hässlich 100, 101
hauen, haut, haute, hat gehauen 177
häufig 170
r Hauptbahnhof, ⸚e 57
s Hauptgericht, -e 85
e Hauptrolle, -n 190
e Hauptsache, -n 180
r Hauptschalter, - 97
r Hauptschüler, - 112
e Hauptsicherung, -en 97
s Haus, ⸚er 30, 31, 32
e Hausarbeit, -en 61
Hausaufgaben (pl) 109
e Hausfrau, -en 160
r Haushalt, -e 162
s Haushaltsgerät, -e 161
r Hausschlüssel, - 97
r Haustausch 96
s Haustier, -e 127
e Haustür, -en 65, 158
e Haut 50, 100
heben, hebt, hob, hat gehoben 50, 51, 90
e Hecke, -n 193
r Heiligabend, -e 70
e Heimat 196
s Heimatland, ⸚er 202
heimlich 100, 127, 201
r Heimtrainer, - 150
heiraten 68, 72, 74
heiß 80, 81, 99
heißen, heißt, hieß, hat geheißen 8, 9, 10
heiter 132
heizen 94
e Heizung, -en 93, 96, 97
r/s Hektar 130
helfen, hilft, half, hat geholfen 60, 61, 64
hell 95, 100, 101
s Hemd, -en 103
r Hengst, -e 130

heraus·springen, springt heraus, sprang heraus, ist herausgesprungen 200
heraus·suchen 160
heraus·ziehen, zieht heraus, zog heraus, hat herausgezogen 120
r Herd, -e 32, 114
her·holen 145
her·kommen, kommt her, kam her, ist hergekommen 190
r Herr, -en 8, 9, 12
herrlich 17, 96
herrschen 90
her·stellen 160, 161
e Herstellung, -en 136
herum 190
herunter·laden, lädt herunter, lud herunter, hat heruntergeladen 160
hervorragend 195
s Herz, -en 68, 90, 144
e Herzgegend 153
s Herzklopfen 200
herzlich 8, 9, 37
herzliche Grüße 77
herzlichen Glückwunsch 76
r Herzschlag, ⸚e 197
heute 17, 50, 60
heute Abend 46, 62
heute früh 132
heute Morgen 60, 61, 62
heute Nachmittag 61
heute Nacht 80
heute Vormittag 61
hier 12, 15, 17
e Hilfe, -n 120, 125, 130
r Hilferuf, -e 120
hilflos 170
r Himmel, - 107, 130
hinaus·laufen, läuft hinaus, lief hinaus, ist hinausgelaufen 130
hinein·gehen, geht hinein, ging hinein, ist hineingegangen 200
hinein·sprechen, spricht hinein, sprach hinein, hat hineingesprochen 187
hin·fahren, fährt hin, fuhr hin, ist hingefahren 207
e Hinfahrt, -en 132
hin·fallen, fällt hin, fiel hin, ist hingefallen 156

hin·setzen 170, 199
hin·stellen 165
hinten 50, 90, 120
hinter 48, 49, 57
r Hintergrund, ⸚e 106, 107
s Hinterrad, ⸚er 156
hinüber 136
hinüber·schauen 170
hinunter 130
r Hinweis, -e 96
hinzu·fügen 200
r Hirsch, -e 85
s Hirschragout, -s 85
e Hitze 146
s Hobby, -s 18, 30, 31
hoch 21, 90, 92
s Hoch, -s 132
e Hochalpenstraße 130
r Hochgeschwindigkeitszug, ⸚e 130
s Hochhaus, ⸚er 125
e Hochrechnung, -en 182
e Hochschule, -n 112
höchstwahrscheinlich 185
e Hochzeit, -en 76, 77
e Hochzeitsfeier, -n 75
r Hochzeitstag, -e 121
r Hof, ⸚e 127, 133
hoffen 95, 146, 183
hoffentlich 57, 77, 80
e Hoffnung, -en 150
höflich 142, 170
e Hofoper, -n 170
hohe 100, 163
e Höhe, -n 92, 93
r Höhepunkt, -e 190
e Höhle, -n 135
holen 52, 53, 60
s Holz, ⸚er 201
e Holzfabrik, -en 162
r Holzhändler, - 184
s Holzhaus, ⸚er 184
r Holzhut, ⸚e 184
e Holzkohle 79
s Holzregal, -e 120
r Honig 82
s Honorar, -e 160
hören 11, 12, 13
r Hörer, - 112
e Hörerin, -nen 112
r Horizont, -e 90
r Horrorfilm, -e 41
e Hose, -n 100, 101, 103
s Hotel, -s 8, 9, 37

e Hotelfachschule, -n 110
s Hotelzimmer, - 190
hübsch 104, 127, 174
r Hügel, - 190
s Huhn, ̈er 60, 61, 79
r Hühnerstall, ̈e 60
e Hühnersuppe, -n 84
hüllen 190
r Humor 169, 173
r Hund, -e 15, 18, 23
r Hundekuchen, - 79
hundert 14
e Hündin, -nen 172
r Hunger 62, 79, 80
hungern 150
hungrig 150, 151
r Husten 152
husten 194
r Hut, ̈e 40, 41, 54
hüten 173
e Hutschachtel, -n 170
ich 8, 9, 11
ideal 150, 155
e Idee, -n 45, 130, 135
s Idol, -e 180
r Igel, - 48
ihm 62, 69, 73
ihn 32, 33, 50
Ihnen 45, 75, 77
ihnen 69, 73, 77
Ihr 13, 18, 61
ihr 13, 18, 19
Ihrer 77, 143, 178
ihrer 101, 102, 111
e Illustrierte, -n 169
im → in 23, 30, 43
im Freien 123
im Voraus 190, 194
r Imbiss, -e 175
immer 20, 41, 60
immer mehr 140, 141, 143
immer noch 60, 80, 150
immer noch nicht 80
immer noch nichts 80
immer weniger 113
immer wieder 120, 121
immerhin 120
r Imperativ, -e 83
impfen 204
in 11, 12, 15
in Ordnung 135
indem 150
Indien 25
e Industrie, -n 160, 183

industriell 186
e Infektion, -en 152
e Infektionskrankheit, -en 179
r Infinitiv, -e 164
e Inflation, -en 178
e Informatikerin, -nen 26
e Information, -en 8, 17
informieren 136
r Ingenieur, -e 130
r Inhalt, -e 192
e Inhaltsangabe, -n 196
inkl. (= inklusive) 85
innen 120
r Innenhof, ̈e 204
e Innenstadt, ̈e 146
innerhalb 190
ins → in 51, 52, 54
insbesondere 181
s Insekt, -en 140
e Insel, -n 130, 131, 133
insgesamt 160
r Installateur, -e 26
s Institut, -e 161
s Instrument, -e 170
e Inszenierung, -en 190
r Intercityexpress 130
interessant 17, 37, 120
s Interesse, -n 161
interessieren 110, 130, 147
interessiert 112, 113, 117
international 110, 116
s Internet 147, 179
interpretieren 190
s Interview, -s 61, 72, 73
e Intonation, -en 84
inzwischen 110, 125, 150
r Iraner, - 202
irgendeiner 190
irgendwann 100, 135
irgendwas 150
irgendwie 80, 81
irgendwo 135, 200, 204
irgendwohin 135
e Ironie 193
ironisch 193
Italien 25, 37, 135
italienisch 44
ja 19, 34, 35
ja schon 145
e Jacke, -n 50, 51, 52
jagen 90
s Jahr, -e 15, 18, 20
e Jahreszeit, -en 187
r Jahrgang, ̈e 180

s Jahrhundert, -e 130
-jährig 118
jährlich 130
r Januar 72
Japan 25, 126
r Japaner, - 74
e Japanerin, -nen 74
japanisch 160
e Jazzband, -s 146
r Jazzclub, -s 192
je 150
je … desto 193
e Jeans, - 100
jede 91, 100, 104
jedem 128, 130, 160
jeden 72, 90, 97
jedenfalls 150, 180, 181
jeder 30, 90, 91
jedes 91, 130
jedes Mal 191
jedoch 170
jemand 90, 91, 92
jemanden 199
jetzt 37, 38, 50
r Job, -s 50, 117, 140
s Jogging 176
r/s/e Jogurt 78, 82
r Journalist, -en 117
e Journalistin, -nen 61
s Jubiläum, Jubiläen 68
e Jugend 196
**r/e Jugendliche, -n (ein Ju-
    gendlicher) 140, 141, 181**
r Juli 72, 74
jung 10, 14, 102
r Junge, -n 9, 19, 21
r Juni 72
s Jura 60
s Jurastudium, -studien 110
r Juwelier, -e 100
s Kabel, - 120
r Käfer, - 180
r Kaffee 49, 60, 64
r Kaffeefleck, -e(n) 80
e Kaffeemaschine, -n 90
r Kaffeetisch, -e 170
r Käfig, -e 52, 106
e Kajüte, -n 30
r Kakao 58
r Kaktus, -teen 168
r Kalbsbraten, - 82
kalt 85, 96, 104
e Kälte 130
s Kamel, -e 12, 54

e Kamera, -s 30
r Kamm, ̈e 139
kämmen 100, 108
kämpfen 168
s Kampfflugzeug, -e 183
Kanada 25
s Kännchen, - 80
e Kantine, -n 82
s Kapital 160
r Kapitalismus 181
kapitalistisch 181
kaputt 12, 13, 19, 120
kaputt·gehen, geht kaputt,
    ging kaputt, ist kaputtgegan-
    gen 117
kaputt·machen 110
e Karotte, -n 22
e Karriere, -n 110, 111
e Karte, -n 57, 76, 85
s Kartentelefon, -e 198
e Kartoffel, -n 22, 44, 78
r Kartoffelsalat, -e 79
e Kartoffelscheibe, -n 86
r Karton, -s 90
r Käse 49, 78, 82
s Käsebrot, -e 85
e Käsefabrik, -en 137
s Käsefondue, -s 129
e Kasse, -n 78
e Kassette, -n 90
r Kassierer, - 169
r Kasten, ̈ 97
r Katalog, -e 135
katastrophal 182
r Kater, - 104
e Katze, -n 18, 21, 24
kaufen 32, 33, 34
r Käufer, - 147
s Kaufhaus, ̈er 23
kaum 70, 91, 161
r Kaviar 160
kehren 120, 121
kein 12, 20, 29
kein mehr 80
keine 12, 13, 26
keinen 29, 30, 31
keiner 35
keinesfalls 173
keins 35, 60
r Keks, -e 90
r Keller, - 52, 89, 97
e Kellertür, -en 97
r Kellner, - 49, 54, 94
e Kellnerin, -nen 80, 113, 170

kennen, kennt, kannte, hat gekannt 40, 70, 102
kennen·lernen 110, 111, 120
e Kenntnis, -se 140, 141
Kenntnisse (pl) 162
r Kerl, -e 145
e Kerze, -n 28, 70, 71
s Kerzenlicht 150
e Kette, -n 110, 200, 201
kg 27
s Kilo, -(s) 22, 124, 150
s Kilogramm 27, 78
r Kilometer, - 57
s Kind, -er 12, 43, 49
Kinder (pl) 12, 18, 20
s Kinderbuch, ¨er 110
kinderfreundlich 182
r Kindergarten, ¨ 182
r Kindergartenplatz, ¨e 182
s Kinderzimmer, - 54
e Kindheit 70, 110, 111
s Kino, -s 93
e Kinokasse, -n 169
e Kirche, -n 55, 173
e Kirsche, -n 82, 99
r Kirschkern, -e 174
e Kirschtorte, -n 80
s Kissen, - 188
e Kiste, -n 30, 34, 78
r Kitsch 73
kitschig 92
klagen 153
e Klappe, -n 177
klappen 80, 110, 150
e Klapper, -n 174
klappern 174
e Klapperschlange, -n 174
klar 80, 100, 110
e Klasse, -n 110, 112, 201
r Klassenraum, ¨e 193
s Klassentreffen, - 110
klassisch 160, 181, 192
e Klausur, -en 75
s Klavier, -e 11, 12, 24
s Kleid, -er 100, 101, 102
kleiden (sich), gekleidet 190, 191, 194
e Kleidung 40, 101
r Kleidungsstil, -e 101
s Kleidungsstück, -e 197
klein 80, 86, 100, 101, 152
r/e Kleine, -n (ein Kleiner) 110
s Kleinkind, -er 80
klemmen 97, 120

klettern, ist geklettert 100, 101
s Klima 136, 146, 147
e Klimaanlage, -n 187
e Klimakatastrophe, -n 179
e Klimazone, -n 130
e Klinge, -n 140
klingeln 50, 51, 62
klingen, klingt, klang, hat geklungen 137, 174
e Klinik, -en 150
klopfen 90, 92
r Kloß, ¨e 71
km/h 123
knacken 174
knapp 178
e Kneipe, -n 122
s Knie, - 133
knien 188
r Knochen, - 140
r Knödel, - 82
r Knopf, ¨e 120
e Koalition, -en 178
r Koch, ¨e 110
kochen 18, 44, 73
e Köchin, -nen 124, 170, 171
r Kochlöffel, - 89
r Kochtopf, ¨e 166
r Koffer, - 13, 32, 33
r Kognak, -s 80
e Kohle, -n 98
e Kohlensäure 20
r Kollege, -n 102, 103, 110
e Kollegin, -nen 115
r Kölner, - 118
komisch 170
kommen, kommt, kam, ist gekommen 10, 11, 15
kommen sehen 150
kommen zu 132
kommend 196
kommerziell 73
e Kommode, -n 97
kommunal 187
e Kommunalpolitik 187
r Kommunist, -en 181
e Komödie, -n 196
r Komparativ, -e 82
komplett 13, 33
kompliziert 72
komponieren 170, 171
r Komponist, -en 23, 170
e Komposition, -en 170
r Kompromiss, -e 100

e Konferenz, -en 109, 123, 165
r Konflikt, -e 100
r König, -e 128, 130, 188
e Königin, -nen 160, 161, 188
e Königstochter, ¨ 188
r Konjunktiv, -e 146
e Konkurrenz, -en 110
können, kann, konnte, hat gekonnt / hat können 17, 20, 21
r Kontakt, -e 143, 162, 185
e Kontaktanzeige, -n 41
e Kontaktlinse, -n 36
s Konto, Konten 162
e Kontrolle, -n 161
kontrollieren 54
e Kontrolllampe, -n 97
konzentrieren 206
konzentriert 50
r Konzern, -e 110, 111, 116
s Konzert, -e 190
r Konzertsaal, -säle 190
r Kopf, ¨e 49, 50, 54
Kopfschmerzen (pl) 192
kopieren 165
r Korbsessel, - 193
r Körper, - 150
körperlich 140
korrigieren 23, 64, 165
Kosten (pl) 161
kosten 30, 32, 33
kostenlos 162
s Kotelett, -s 79, 83
e Kraft, ¨e 140
kräftig 120
r Kran, ¨e 50
krank 113
s Krankenhaus, ¨er 50, 51, 110
e Krankenkasse, -n 150
r Krankenpfleger, - 50
e Krankenschwester, -n 20
e Krankenversicherung, -en 156
r Krankenwagen, - 12, 14
e Krankheit, -en 140
e Krawatte, -n 39, 41, 54
r Kredit, -e 110, 111, 160
e Kreditkarte, -n 33, 36, 39
e Kreuzung, -en 57
r Krieg, -e 160, 161, 179
kriegen 197
e Krippe, -n 70, 71
e Krise, -n 183

e Kritik, -en 183
kritisieren 150
s Krokodil, -e 30, 31, 44
e Küche, -n 62, 84, 95
r Kuchen, - 78, 79, 84
e Küchenmaschine, -n 160
r Küchentisch, -e 52, 70
e Küchenuhr, -en 28
e Kuh, ¨e 60, 61, 123
kühl 132
r Kühlschrank, ¨e 32, 33, 34
e Kühlschranktür, -en 97
r Kuhstall, ¨e 61
r Kuli, -s 142
e Kultur, -en 190
r Kulturbetrieb 190
kulturell 190, 191
kümmern 110, 113
r Kunde, -n 109, 160
r Kundendienst 46
kündigen 161, 162
e Kunst, ¨e 190, 191, 193
e Kunstausstellung, -en 107
r Künstler, - 190
künstlich 140, 141
r Kunststudent, -en 20
s Kunstwerk, -e 191
kurios 123
r Kuriositäten-Führer, - 130
e Kurklinik, -en 150
r Kurs, -e 163, 200
e Kursleiterin, -nen 200
e Kursteilnehmerin, -nen 200
e Kurve, -n 57
kurz 50, 60, 64
kürzlich 177
Kurznachrichten (pl) 183
s Kuscheltier, -e 144
r Kuss, ¨e 10, 24, 34
küssen 14, 40, 80
e Küste, -n 130
e Kutsche, -n 130
lächeln 60, 80, 194
lachen 10, 11, 23
lächerlich 103
r Laden, ¨ 127
r Ladenbesitzer, - 197
e Lage, -n 96
e Lagerhalle, -n 147
r Lammbraten, - 82
e Lampe, -n 35
s Land, ¨er 26, 123, 135
s Land 130
e Landebahn, -en 122

landen, ist gelandet 122, 123
e Landschaft, -en 130
r Landwirt, -e 60
e Landwirtschaft 187
e Landwirtschaftsmesse, -n 137
r Landwirtschaftsminister, - 183
lang 60, 64, 70, 117, 130, 163
lange 19, 60, 61
e Länge, -n 92, 93, 112
länger 92, 140, 141
langsam 43, 71, 80
längst 197
langweilig 63, 100, 101
lassen, lässt, ließ, hat gelassen 105, 135, 143
r Lastwagen, - 90
e Laterne, -n 48
r Lauf, ⸚e 132, 148
laufen, läuft, lief, ist gelaufen 50, 99, 131
laut 39, 41, 94
laut 150
lauter 207
s Leben 30, 50, 60
leben 11, 26, 30
lebend 196
lebendig 190
e Lebensgefahr, -en 197
s Lebensjahr, -e 77
r Lebenslauf, ⸚e 116
e Lebenslust 200
s Lebensmittel, - 151, 160
r Lebensmittelmarkt, ⸚e 160
r Lebenspartner, - 161
r Lebensretter, - 50
r Lebensrhythmus 140
r Lebensstil, -e 30
e Lebensversicherung, -en 156
e Lebensweise, -n 153
e Lebenszeit 140
lecker 121
e Lederjacke, -n 102
ledig 20, 21, 26
leer 80, 90, 91
legen 49, 50, 51
e Lehre, -n 110, 111
r Lehrer, - 15, 42, 109
r Lehrerberuf, -e 181
e Lehrerin, -nen 69, 110, 140
s Lehrerpult, -e 193
r Lehrling, -e 109, 113
e Lehrstelle, -n 112
leicht 100, 104, 204
leidtun 45, 74, 80

leider 27, 77, 92
leihen, leiht, lieh, hat geliehen 103
e Leine, -n 124
leise 40, 173, 200
leisten 115, 160, 169
e Leistung, -en 187
leiten 136
e Leiter, -n 49, 52, 120
r Leiter, - 116, 171
e Leitung, -en 146
s Leitungswasser 198
e Lektion, -en 193
r Lenker, - 156
s Lenkrad, ⸚er 120
lernen 45, 75, 146
lesen, liest, las, hat gelesen 10, 19, 32
r Leser, - 100, 140
e Leserin, -nen 100
letzte 120, 130, 131, 176
leuchten 97
Leute (pl) 17, 30, 33
s Licht, -er 42, 44, 58
lieb 11, 14, 37
e Liebe 80
lieben 11, 20, 50
lieber 79, 82, 83
r Liebesfilm, -e 192
e Liebesgeschichte, -n 192
r Liebhaber, - 204
r Liebling, -e 63, 73
r Lieblingsautor, -en 190
s Lieblingsgericht, -e 171
s Lied, -er 68
liefern 160
liegen, liegt, lag, hat gelegen 48, 50, 51
liegen bleiben 123
liegen lassen 170
liegen sehen 94
r Lift, -e/-s 120
e Limonade, -n 80, 81, 85
e Linie, -n 57
linke 102, 120, 124
links 18, 55, 57
e Lippe, -n 98
e Liste, -n 97
r Liter, - 78
e Literatur, -en 190
e Literaturmesse, -n 190
e Livesendung, -en 190
r Lkw, -s 123
loben 183, 201

s Loch, ⸚er 59, 60, 61
r Löffel, - 33
e Loge, -n 190
r Lohn, ⸚e 109, 117
lohnen (sich) 119
e Lohnerhöhung, -en 162
r Lokalrundfunk 122
los 12, 50
lösen 147, 162
los·fahren, fährt los, fuhr los, ist losgefahren 155
los·gehen, geht los, ging los, ist losgegangen 90
los·lassen, lässt los, ließ los, hat losgelassen 156
e Lösung, -en 23, 24
s Löwenbaby, -s 204
e Luft 130, 131
r Luftballon, -s 20, 21, 66
e Luftmatratze, -n 19
e Lüge, -n 197
lügen, lügt, log, hat gelogen 40, 41
e Lust 43, 45, 88
lustig 113, 145, 155
Luxemburg 183
luxuriös 160
r Luxus 30
s Luxusfrühstück 160
m² 95
machen 11, 25, 38
macht nichts 80
s Machtinteresse, -n 183
s Mädchen, - 9, 10, 14
Magenschmerzen (pl) 153
mager 150
r Mai 72, 74, 130
r Maibaum, ⸚e 129
r Makler, - 95
mal 12, 35, 40
s Mal, -e 100, 152, 160
mal wieder 176
malen 59, 64, 80
r Maler, - 49
e Mama, -s 8, 9, 13
man 38, 39, 40
r Manager, - 109, 111, 116
manche 30, 160
manchmal 50, 82, 130
r Mann, ⸚er 10, 13, 26
männlich 26
e Mannschaft, -en 153, 156
r Mannschaftsarzt, ⸚e 156
r Mantel, ⸚ 29, 52, 65

s Märchenbuch, ⸚er 110
s Märchenschloss, ⸚er 128
e Margarine 78
r Markenartikel, - 162
s Marketing 137
markieren 15, 24, 34
e Marktfrau, -en 109
e Marktgasse, -n 130
e Marmelade 78
s Marmeladenglas, ⸚er 120
r März 72, 74
e Maschine, -n 60
s Maßband, ⸚er 92
s Material, -ien 161
e Mathematik 32
r Mathematiklehrer, - 18
e Matratze, -n 24, 30, 31
e Mauer, -n 104, 180
r Mauerbau 180
e Maus, ⸚e 30, 48, 49
s Mäusepaar, -e 143
r Mäusevater, ⸚ 172
r Mechaniker, - 177
s Medikament, -e 140, 147, 152
Medizin studieren 27
s Meer, -e 89, 94, 98
r Meeresboden 130
e Meeresluft 132
s Mehl 79
mehr 30, 32, 60
mehrere 206
e Mehrheit, -en 183
mehrmals 184
mein 12, 13, 15
meinen 20, 35, 60
meiner 56, 70, 100
meinetwegen 135
e Meinung, -en 100, 140, 147
meiste 160, 192
meisten 81, 110, 112
meistens 60, 61, 100
r Meister, - 170
e Meisterprüfung, -en 113
melden 102, 122, 145
e Meldung, -en 123
melken, melkt, melkte, hat gemolken 60
e Melkmaschine, -n 60
e Melodie, -n 170
Menge, -n 117, 137, 143
r Mensch, -en 10, 20, 30
e Menschheit 140
menschlich 140

merken 102, 103, 104
merkwürdig 121
e Messe, -n 190
messen, misst, maß, hat ge-
messen 92
s Messer, - 28, 33, 49
s Metall, -e 121
r Metallarbeiter, - 162
e Metalldose, -n 119
e Metallindustrie 161
r/s Meter, - 27, 92, 93
e Methode, -n 150, 151
r Metzger, - 184
e Metzgerei, -en 127
s Metzgermesser, - 184
Mexico 110
Mexiko 123
miau 60
mich 25, 70, 71
e Miete, -n 95
mieten 160
r Mieter, - 147
r Mietvertrag, ¨e 147
e Milch 78, 103, 143
e Milchproduktion 136
mild 132
r Milliardär, -e 197
e Milliardärin, -nen 196
e Milliarde, -n 183
e Million, -en 130, 131
Millionen (pl) 130, 163, 179
mindestens 70
s Mineralwasser, - 20, 21, 52
r Minikühlschrank, ¨e 30
r Minirock, ¨e 195
r Minister, - 123, 188, 189
r Ministerpräsident, -en 178
minus 132
e Minute, -n 20, 21, 24
mir 45, 70, 71
e Miss 193
r Misserfolg, -e 150
s Missgeschick, -e 120
s Missverständnis, -se 175
mit 20, 27, 32
mit freundlichen Grüßen 27
mit·arbeiten 61
r Mitarbeiter, - 47, 160
e Mitbestimmung 187
mit·bringen, bringt mit, brachte
    mit, hat mitgebracht 68, 69,
    70
miteinander 178, 200, 201

mit·fahren, fährt mit, fuhr mit,
    ist mitgefahren 91
s Mitglied, -er 116, 157
r Mitgliedsstaat, -en 183
mit·helfen, hilft mit, half mit,
    hat mitgeholfen 113
mit·kommen, kommt mit, kam
    mit, ist mitgekommen 47,
    107, 133
s Mitleid 140, 141
mit·machen 100
r Mitmensch, -en 197
mit·nehmen, nimmt mit, nahm
    mit, hat mitgenommen 103,
    135, 146
r Mitschüler, - 113
mit·spielen 118, 147
r Mittag 60, 82, 84
s Mittagessen, - 60, 61, 65
mittags 82
r Mittagsschlaf 61
e Mitte 90, 106, 107
mit·teilen 162
s Mittel, - 153
Mitteleuropa 130
mittelgroß 116
s Mittelmeer 36, 135, 150
e Mittelstufenprüfung, -en 205
mitten 92, 123, 125
e Mitternacht 73
e Mitternachtsmesse, -n 71
mittlere 161
r Mittwoch 17, 97
mit·wirken 190
r Mixer, - 88
mmh 121
Möbel (pl), - 30, 31, 34
e Möbelfabrik, -en 161
e Möbelfirma, -firmen 116
s Möbelgeschäft, -e 162
s Möbelstück, -e 93
r Möbeltischler, - 20
r Möbelwagen, - 198
s Mobiltelefon, -e 30, 31
möchten, möchte 25, 32, 33
e Mode, -n 100
s Modell, -e 143
e Modenschau, -en 100
modern 100, 101, 180
modisch 178
s Mofa, -s 48
mögen, mag, mochte, hat ge-
mocht / hat mögen 79, 80,
83

möglich 90, 141, 145
möglicherweise 185
möglichst 130
r Moment, -e 28, 70, 90
r Monat, -e 95, 110, 111
r Monatsname, -n 74
r Mond, -e 186
r Mondsee 96
r Montag, -e 17, 45, 47
montieren 158
e Moral 196
r Mord, -e 125
r Mörder, - 125
morgen 15, 17, 45
r Morgen 61, 90, 91
morgen früh 75
morgen Nachmittag 75
morgens 60, 61, 82
r Motor, -en 94, 117, 122
s Motorrad, ¨er 30, 31, 34
e Mücke, -n 48
müde 42, 61, 62
e Mühe, -n 199
e Müllabfuhr 97
r Mülleimer, - 143
r Müllsack, ¨e 97
r Mund, ¨er 81, 114
mündlich 187
s Münster, - 60
e Münze, -n 29
s Murmeltier, -e 130
s Museum, Museen 37, 41, 55
r Museumsplatz, ¨e 53
e Musik 11, 30, 31
musikalisch 171
r Musiker, - 134, 170
e Musikerin, -nen 30
s Musikstück, -e 190
s Müsli 82
müssen, muss, musste, hat
gemusst / hat müssen 38,
39, 40
r Mut 152, 160, 173
e Mutter, ¨ 13, 23, 43
e Muttersprache, -n 187
e Mütze, -n 49, 70, 94
na 20, 80, 100
na bitte 169
na dann 83
na gut 80
na ja 19, 115
na klar 135
na schön 169
nach 46, 47, 51

nach Hause 46, 47, 62
nach unten gehen 130
r Nachbar, -n 92, 97, 119
s Nachbarhaus, ¨er 125
e Nachbarin, -nen 120, 133,
    140
e Nachbarstadt, ¨e 160
r Nachbartisch, -e 80, 81
nachdem 170, 171, 172
nach·denken, denkt nach,
dachte nach, hat nachge-
dacht 147
nachdenklich 170
e Nachfrage, -n 160
s Nachkriegsjahr, -e 180
r Nachmittag, -e 60, 120
r Nachname, -n 23
e Nachricht, -en 47, 80, 81
Nachrichten (pl) 122, 179
nach·schauen 206
nach·schlagen, schlägt nach,
schlug nach, hat nachge-
schlagen 89
nach·sehen, sieht nach, sah
    nach, hat nachgesehen 165
e Nachspeise, -n 85, 199
nach·sprechen, spricht nach,
    sprach nach, hat nachge-
    sprochen 14, 15, 24
nächste 50, 71, 100
e Nacht, ¨e 70, 71, 120
r Nachtclub, -s 204
r Nachthimmel 100
nachträglich 77
nachts 80, 81, 126
e Nachttischlampe, -n 198
nackt 130
e Nadel, -n 160
r Nagel, ¨ 28
nah 94
e Nähe 60, 117, 130
nähen 60
näher 90
s Nahrungsmittel, - 150
r Nahverkehr 182
naiv 193
r Name, -n 26, 27, 54
s Namensschild, -er 90
nämlich 100, 120, 121
nanu 169
naschen 40, 44, 99
e Nase, -n 80, 94, 100
s Nashorn, ¨er 204
nass 19, 24, 94

nass machen 188
r Nationalrat, ⸚e 183
e Natur 140
natürlich 19, 24, 26
r Naturpark, -s 130, 131
s Naturphänomen, -e 130
r Nebel, - 132
neben 48, 49, 50
nebenan 194, 198
nebeneinander 200
Nebenkosten (pl) 95
r Nebensatz, ⸚e 204
r Nebentisch, -e 203
s Nebenzimmer, - 204
neblig 123
nehmen, nimmt, nahm, hat
genommen 52, 54, 55
r Neid 140
nein 8, 9, 12
nennen, nennt, nannte, hat
genannt 40, 120, 124
r Nerv, -en 103
r Nervenzusammenbruch, ⸚e
100
nervös 80, 103, 120
nett 17, 32, 75
s Netz, -e 94
neu 33, 73, 77
neugierig 190
neulich 100
r Neuschnee 204
Neuschwanstein 130
Neuseeland 178
r Neuwagen, - 162
nicht 11, 131, 83
nicht einmal 115, 180
nicht genug 160
nicht immer 50, 101
nicht mehr 32, 38, 60
nicht nur 161
nicht nur ... sondern auch 168
e Nichte, -n 100, 101
nichts 64, 66, 80
nichts Besonderes 200
nichts mehr 40, 83, 152
nichts weiter 206
nie 40, 41, 150
nie mehr 40
niedrig 162
niemals 150
niemand 50, 90, 120
r Nikolaus 70, 71, 72
r Nikolaustag, -e 70
noch 32, 33, 35

noch ein 67, 80, 83
noch eine 97
noch einmal 53, 80, 81
noch immer 124
noch mal 155
noch mehr 101, 140, 169
noch nicht 27, 42, 64
noch nichts 50
noch nie 145
s Nomen, - 151
r Nominativ, -e 28, 29, 48
norddeutsch 116
Norddeutschland 129, 132, 135
r Norden 130
r Nordpol 172
e Nordsee 36, 120
e Nordseeinsel, -n 133
e Nordseeküste 130
r Nordwesten 132
normal 186
normalerweise 20, 24, 30
e Not, ⸚e 162
e Notärztin, -nen 50
r Notarztwagen, - 50
e Notaufnahme, -n 50
r Notdienst, -e 119
e Note, -n 110, 170
s Notenpapier 170
notieren 9, 22, 23
nötig 165
e Notiz, -en 47
r Notizzettel, - 47
r Notruf, -e 120
r Notrufschalter, - 121
notwendig 187
r November 70, 71, 72
Nr. → Nummer 12, 46, 82, 133,
149
e Nudel, -n 78, 79
r Nudelsalat, -e 79
e Nudelsuppe, -n 204
e Null 97
null 14
e Nulldiät, -en 150
e Nummer, -n 9, 13, 23
nun 145, 147, 151
nur 30, 41, 43
nur einmal 130
nur nicht 80
nur noch 51, 112, 119
e Nuss, ⸚e 71
r Nusskuchen, - 204
nützen 153
ob 140, 141, 149

oben 90, 94, 120
Oberösterreich 96
s Obst 79, 109, 150
r Obstsalat, -e 85
obwohl 101, 120, 121
oder 11, 12, 19
r Ofen, ⸚ 94
offen 106, 107, 110
offenbar 171
offensichtlich 130
öffentlich 182, 190
e Öffentlichkeit 170
öffnen 89, 97, 120
oft 60, 101, 111
öfter 162
oh 8, 9, 75
oh Gott 63
ohne 20, 40, 41
ohne zu 90, 91
s Ohr, -en 94, 100, 101
r Ohrring, -e 100, 102
okay 45
r Öko-Spinner, - 161
e Ökologie-Steuer, -n 161
r Oktober 72, 74
r Oldtimer, - 110
e Ölfirma, -firmen 117
r Ölkonzern, -e 116
Olympia 34
e Oma, -s 70, 132
s Omelett, -s 83
r Onkel, - 70, 110, 113
r Opa, -s 70
e Oper, -n 171, 190, 191
e Operette, -n 192
operieren 156
r Opernball, ⸚e 190, 191
s Opernhaus, ⸚er 171
r Opernsänger, - 170
e Opernwelt 190
s Opfer, - 50
e Opposition, -en 183
r Orangensaft 82
s Orchester, - 190
ordnen 9, 34, 53
e Ordnung, -en 60, 150
e Organisation, -en 183
organisieren 122
r Organist, -en 170
s Original, -e 118
originell 160
r Ort, -e 17, 110, 135
Ost 130
Ostdeutschland 132

r Osten 132
Ostern 74
Österreich 26, 72, 97, 130
r Österreicher, - 26
e Österreicherin, -nen 26
österreichisch 26, 131, 137
e Ostsee 36, 96, 97
PS: 37
s Paar, -e 76, 99, 160
paar 30, 57, 90
s Päckchen, - 71, 78, 79
packen 19, 64, 65
e Packung, -en 150
s Paket, -e 158
s Paket, -e 79, 177
e Palatschinke, -n 203
e Palme, -n 168
e Panne, -n 120
r Papagei, -en 44, 52
s Papier, -e 193
s Paradies, -e 140
r Park, -s 130
parken 127, 158, 159
s Parkhaus, ⸚er 122
r Parkplatz, ⸚e 57
s Parlament, -e 183
e Parlamentssitzung, -en 123
e Partei, -en 178
s Partizip, -ien 164
r Partner, - 160, 162
e Partnerfirma, -firmen 205
e Party, -s 75, 79, 138
r Pass, ⸚e 123
r Passagier, -e 63
r Passant, -en 199
passen 12, 18, 21
passend 198
passieren 53, 61, 63
s Passionsspiel, -e 190
s Passiv 158
r Patient, -en 109, 140, 141
e Pauke, -n 177
e Pause, -n 38, 80, 90
s Pech 110, 121, 160
r Pechvogel, ⸚ 120
peinlich 175
s Penicillin 179
per 162
perfekt 147, 203
s Perfekt 58, 59, 61
e Person, -en 15, 26, 28
Personalien (pl) 26
r Personenwagen, - 50
persönlich 150

restlich 130
retten 120, 121, 144
e Retterin, -nen 162
e Rettung 120
r Rettungsdienst, -e 50
s Rettungsteam, -s 50
r Rettungswagen, - 50
r Revolutionär, -e 195
s Rezept, -e 82, 86
r Richter, - 123
e Richterin, -nen 110
richtig 11, 13, 19
e Richtung, -en 132
e Richtung, -en 57
riechen, riecht, roch, hat ge-
    rochen 194
riesig 130, 131, 160
e Rinderbouillon, -s 85
r Rinderbraten 84
r Ring, -e 100, 101, 119
r Rippenbruch, ⸚e 50
r Ritter, - 188
r Roboter, - 167
r Rock, ⸚e 100
e Rockgruppe, -n 181
e Rockmusik 190
e Rolle, -n 80, 81, 170
r Rollstuhl, ⸚e 125
r Roman, -e 178
romantisch 92
r Römer, - 179
römisch 123
e Rose, -n 76, 144
rot 80, 85, 98
s Rot 130
rothaarig 102
r Rotkohl 71
r Rotwein, -e 85
r Rücken 70, 114, 120
Rückenschmerzen (pl) 120
e Rückkehr 183
e Rückreise, -n 130
r Rucksack, ⸚e 133
e Rückseite, -n 119
r Rücksitz, -e 171
rückwärts 156
rufen, ruft, rief, hat gerufen
    50, 64, 70
e Ruhe 38, 42, 90
ruhig 72, 80, 83
rund 106, 107, 179
rund um 156, 160
Russland 25, 130
e Rute, -n 70

e S-Bahn, -en 129
r Saal, ⸚e 169
e Sache, -n 120
Sachen (pl) 90, 91, 100
e Sachertorte, -n 128
r Sack, ⸚e 70, 71, 78
r Saft, ⸚e 8, 9, 24
sagen 10, 12, 13
e Sahne 78, 79, 80
r Sahnesee, -n 99
e Sahnesoße, -n 85
r Salat, -e 78, 82, 85
e Salatgurke, -n 198
s Salatteller, - 85
r Salon, -s 112
s Salz 63, 86
salzen 166, 170
s Salzgebäck 180
salzig 79
sammeln 110, 119, 161
r Samstag, -e 17, 95, 130
r Samstagabend, -e 180
r Samstagmorgen 155
samstags 60, 180, 181
r Sänger, - 69
e Sängerin, -nen 9
r Sanitäter, - 50, 51
satt 83
r Satz, ⸚e 12, 15, 23
sauber 19, 24, 89
sauber machen 60, 65
sauer 79
r Sauerstoff 50
e Sauna, -s/Saunen 110
s Saxophon, -e 146
s Schach 45
r Schachclub, -s 118
e Schachtel, -n 78, 90
schade 46, 75
s Schaf, -e 94, 104, 123
schaffen, schafft, schaffte,
    hat geschafft 20, 24, 50
schaffen, schafft, schuf, hat ge-
    schaffen 182
r Schal, -s 103
schälen 86, 87
r Schalter, - 60, 120
scharf 79, 92, 93
r Schatten, - 90
r Schatz, ⸚e 73
schauen 35, 50, 51
r Schauer, - 132
s Schaufenster, - 200
s Schauspiel, -e 190

r Schauspieler, - 190
r Scheck, -s 36
e Scheibe, -n 82, 86
sich scheiden lassen 162
scheinbar 197
scheinen, scheint, schien, hat
    geschienen 132, 133, 161
scheinen, scheint, schien, hat
    geschienen 206
schenken 68, 69, 70
e Schere, -n 193
r Scherz, -e 172
scheußlich 17
schicken 11, 34, 37
schieben, schiebt, schob, hat
    geschoben 50, 51, 64
r Schiedsrichter, - 149
e Schiene, -n 130
schießen, schießt, schoss, hat
    geschossen 39, 58
s Schiff, -e 179
s Schild, -er 49, 57
schimpfen 50, 67, 109
r Schinken, - 82, 85, 86
s Schinkenbrot, -e 85
r Schirm, -e 105
r Schlaf 143
schlafen, schläft, schlief, hat
    geschlafen 42, 43, 44
schlaff 140
r Schlafsack, ⸚e 19, 24
s Schlafsofa, -s 93
s Schlafzimmer, - 30, 52, 62
schlagen, schlägt, schlug, hat
    geschlagen 80, 86, 89
e Schlagzeile, -n 118
s Schlagzeug, -e 89
e Schlange, -n 30, 44, 114
Schlange stehen 177
schlank 150
e Schlankheitskur, -en 150
schlapp 174
schlau 104
schlecht 17, 21, 80
schleppen 90
schließen, schließt, schloss,
    hat geschlossen 90, 97, 124
schließlich 90, 91, 100
schlimm 100, 133, 140
s Schloss, ⸚er 120, 121
r Schluck, -e 80
r Schluss 64, 71, 125
r Schlüssel, - 47, 76, 97
schmal 102

schmecken 69, 71, 80
r Schmerz, -en 50, 153, 156
r Schmuck 101, 119, 200
schmücken 68, 70, 71
s Schmuckgeschäft, -e 201
r Schmuckladen, ⸚ 200
s Schmuckstück, -e 100
schmutzig 103, 186
schnarchen 173
r Schnee 94
schneiden, schneidet,
    schnitt, hat geschnitten 20,
    24, 64
schneien 123, 132
schnell 20, 24, 43
r Schnellzug, ⸚e 196
s Schnitzel, - 85
r Schnupfen 152
r Schock, -s 50
e Schokolade, -n 69, 78, 99
s Schokoladenschwein, -e 174
schon 19, 32, 110
schön 14, 65, 190
schon mal 161
schon wieder 170
r Schönheitschirurg, -en 140
r Schornsteinfeger, - 126
r Schoß, ⸚e 180
r Schrank, ⸚e 49, 52, 54
e Schranke, -n 130
r Schrankspiegel, - 198
e Schranktür, -en 198
r Schreck 201
schrecklich 100, 101, 103
schreiben, schreibt, schrieb,
    hat geschrieben 11, 17, 27
e Schreibmaschine, -n 32, 33,
    34
s Schreibpult, -e 93
r Schreibtisch, -e 30, 32, 34
schreien, schreit, schrie, hat
    geschrien 172
schriftlich 187
e Schriftstellerin, -nen 93
r Schritt, -e 90
r Schuh, -e 28, 34, 40
r Schulabgänger, - 112
r Schulbesuch, -e 112
e Schuld 175
Schulden (pl) 160
schuldig 197
e Schule, -n 60, 110, 112
r Schüler, - 110, 112
e Schülerin, -nen 109, 110

schulfrei 180
r Schulfreund, -e 137
s Schuljahr, -e 100
e Schulpflicht 112
s Schulsystem, -e 112
e Schulter, -n 120
e Schulzeit, -en 112
e Schüssel, -n 204
e Schusswaffe, -n 122
r Schutz 161
schützen 89
schwach 50, 51
e Schwäche, -n 170
schwarz 90, 98, 100
schwarz-weiß 129, 180
s Schwarzbrot, -e 82
Schwarzwald 128
e Schwebebahn 130
schweben 130
schwedisch 135
schweigen, schweigt,
   schwieg, hat geschwiegen
   120, 121, 124
s Schwein, -e 60, 69, 84
r Schweinebraten, - 82, 84
s Schweinefleisch 79
e Schweiz 129, 130
r Schweizer, - 130, 135, 136
schwer 104, 120
schwer machen 152
e Schwester, -n 24, 71, 74
schwierig 90, 91
e Schwierigkeit, -en 146, 160
s Schwimmbad, ¨er 55, 169
schwimmen, schwimmt,
   schwamm, ist geschwom-
   men 21, 27, 39
schwimmen gehen 46
schwitzen 150, 151
r See, -n 123, 124, 130
r Seemann, -leute 117
s Segelboot, -e 30, 31, 34
segeln 27, 135
sehen, sieht, sah, hat gese-
   hen 40, 41, 42
e Sehenswürdigkeit, -en 130
sehr 20, 24, 27
sehr gut 165
e Seilbahn, -en 128
sein, ist, war, ist gewesen 10,
   11, 12, 13, 31, 32
sein können 145
seiner 68, 73, 100
seit 68, 70, 72

seit langem 185
seit wann 72
seitdem 130, 179, 190
e Seite, -n 50, 51, 90
s Seitenfenster, - 134
e Sekretärin, -nen 26, 68, 109
r Sekt 73
e Sekundarschule, -n 112
e Sekunde, -n 20, 21
selbst 34, 82, 91
selbstständig 110, 111, 115
e Selbstständigkeit 160
selbstbewusst 170
s Selbstlernkurs, -e 205
r Selbstmord, -e 122
selbstverständlich 162, 180
selten 30, 60, 90
seltsam 125
s Semester, - 110
s Seminar, -e 136
e Sendung, -en 180
r Senf 78
senken 130, 161, 163
r September 72, 74
e Serie, -n 60
r/s Service 161
servieren 170
servus 133
r Sessel, - 60, 90, 140
setzen (sich) 49, 52, 90
r Sexwitz, -e 173
s Shampoo, -s 94
e Shampooflasche, -n 90
sich 100, 108, 109
sicher 80, 81, 84
e Sicherheit, -en 161, 183, 185
sichern 162
e Sicherung, -en 97
Sie 8, 9, 10
sie 10, 13, 18
r Sieg, -e 184
siegen 197
r Sieger, - 153
e Silbe, -n 164
e Silberhochzeit, -en 68, 74
silbern 200
r/s Silvester 71
singen, singt, sang, hat ge-
   sungen 21, 64, 70
r Singular, -e 9

sinken, sinkt, sank, ist gesun-
   ken 114, 161, 163
sinnvoll 186

e Sirene, -n 50
e Situation, -en 33, 175
r Sitz, -e 199
sitzen, sitzt, saß, hat gesessen 48, 50, 51
sitzen bleiben 124
sitzen lassen 197
r Sitzplatz, ¨e 190
e Sitzung, -en 163
Skandinavien 132
r Sketch, -e 173
r Ski, -er 45
r Skikurs, -e 132
r Skiläufer, - 143
so 13, 17, 30
sodass 170, 171, 182
so ein 94, 140, 175
so oder so 119
so viel 103
so viele 79, 135
so weit 70
so wie 130
sobald 160, 181
e Socke, - n 94
s Sofa, -s 48, 92, 107
sofort 60, 85
sogar 90, 100, 110
r Sohn, ¨e 12, 18, 24
solange 190
solche 147, 150, 160
sollen, soll, sollte, hat gesollt
   / hat sollen 38, 39, 40
r Sommer, - 30
s Sommerfest, -e 118
Sonder- 160
s Sonderangebot, -e 93
sondern 82, 84, 110
e Sonne, -n 82, 114, 132
e Sonnenbrille, -n 29, 35
r Sonnenhändler, - 184
s Sonnenhaus, ¨er 184
r Sonnenhut, ¨e 184
r Sonnenschirm, -e 143
r Sonntag, -e 17, 45, 56
r Sonntagabend 155
r Sonntagmorgen 160
sonntags 40, 60, 61
s Sonntagskleid, -er 101
sonst 64, 140, 145
e Sorge, -n 140, 141, 147
sorgen 160
e Sorte, -n 20, 21
e Soße, -n 92
r Souvenirladen, ¨ 117

souverän 170
sowieso 80, 100, 110
sozial 200
e Sozialarbeiterin, -nen 30
r Sozialdemokrat, -en 182
Spagetti / Spaghetti (pl) 79
Spanien 25
r Spanier, - 203
spanisch 27, 34, 44
spannend 30, 90, 91
sparen 94, 140, 141
e Sparkasse, -n 122
r Spaß, ¨e 73, 75, 77
spät 50, 62, 71, 82
später 50, 60, 70
r Spatz, -en 184
spazieren, ist spaziert 144
spazieren gehen 107, 127, 133
s Spazierengehen 180
r Spaziergang, ¨e 127
SPD 182
e Speise, -n 170
e Speisekarte, -n 80, 84
Spezial- 160
spezialisieren 186
speziell 100
r Spiegel, - 35, 40, 41
r Spiegelschrank, ¨e 90
s Spiel, -e 40, 153, 173
spielen 11, 12, 190
r Spieler, - 149
spielerisch 206
r Spielfeldrand, ¨er 156
Spielsachen (pl) 70
s Spielzeug 204
s Spielzeugauto, -s 156
e Spinne, -n 30, 34, 44
spinnen, spinnt, spann, hat ge-
   sponnen 19, 34, 94
spontan 140
r Sport 27, 135, 140
s Sportflugzeug, -e 122
s Sportgerät, -e 150
s Sportgeschäft, -e 150
e Sportklinik, -en 156
e Sportlehrerin, -nen 18
sportlich 150
r Sportplatz, ¨e 156
s Sportstudio, -s 152
e Sportveranstaltung, -en 117
r Sportverein, -e 150, 151
r Sportwagen, - 138, 146
e Sprachbegabung 200

A41

e Sprache, -n 27, 34, 110
Sprachkenntnisse (pl) 110
r Sprachkurs, -e 147, 202, 205
e Sprachschule, -n 202
sprechen, spricht, sprach, hat gesprochen 40, 41, 43
springen, springt, sprang, ist gesprungen 21, 38, 50
e Spritze, -n 152
r Sprung, ⸚e 90, 114, 160
spülen 59, 64, 65
spüren 90
staatlich 190
e Staatsangehörigkeit, -en 26
s Staatsexamen, - 110
r Staatspräsident, -en 183
stabil 178
e Stadt, ⸚e 17, 34, 80
e Stadtbahn, -en 57
e Stadtbücherei, -en 182
s Städtchen, - 196
städtisch 187
s Stadtparlament, -e 182
r Stadtrat, ⸚e 182
r Stadtteil, -e 130
e Stadtverwaltung, -en 197
r Stall, ⸚e 49, 60
e Stallarbeit, -en 60
stammen 198
ständig 100, 170
r Standpunkt, -e 181
r Star, -s 190
stark 92, 123, 130
starten, ist gestartet 171
e Station, -en 53, 57
s Stationsgebäude, - 193
statistisch 162
statt 150
stattdessen 120
statt·finden, findet statt, fand statt, hat stattgefunden 137, 190
r Stau, -s 132
e Steak-House-Kette 110
stechen, sticht, stach, hat gestochen 121
e Steckdose, -n 88
stecken 88, 90, 120
stecken bleiben 121
r Stecker, - 88
stehen, steht, stand, hat gestanden 48, 50, 51
stehen bleiben 120, 121, 130

stehlen, stiehlt, stahl, hat gestohlen 102, 125
r Stehplatz, ⸚e 190
steif 89
steigen, steigt, stieg, ist gestiegen 53, 104, 114
steil 116
r Stein, -e 100
e Stelle, -n 109, 130
stellen 49, 52, 64
stellenweise 132
r Stellenwert 140
e Stellung, -en 147
sterben, stirbt, starb, ist gestorben 60, 141, 179
r Stern, -e 40, 106, 107
stets 170
e Steuer, -n 40
e Steuerreform, -en 183
e Steuerschuld, -en 163
e Stewardess, -en 63
r Stiefel, - 34, 70
r Stil, -e 100
still 90
e Stimme, -n 80, 81, 90
stimmen 30, 34, 80
stimmt so 80
s Stipendium, -dien 110
r Stock, Stockwerke 120, 125, 158
r Stoff, -e 161
s Stofftier, -e 201
stöhnen 50
stolpern, ist gestolpert 156
stolz 110
stoppen 169
stören 74, 130
stoßen, stößt, stieß, ist / hat gestoßen 90, 119, 120
e Strafe, -n 197
r Strand, ⸚e 120, 130
e Straße, -n 26, 34, 50
e Straßenbahn, -en 130
e Strecke, -n 130
streicheln 134
streichen, streicht, strich, hat gestrichen 88, 100, 101
e Streichholzschachtel, -n 187
r Streik, -s 123
streiken 162
r Streit 132, 162, 170

streiten, streitet, stritt, hat gestritten 100
e Streitigkeit, -en 162
streng 70
streuen 86
r Strich, -e 80
r Strom, 65, 97
e Stromleitung, -en 92, 120
r Strumpf, ⸚e 28, 34, 40
s Stück, -e 55, 78, 181
r Student, -en 109, 140
e Studentenaufführung, -en 196
e Studentenzeit 181
e Studentin, -nen 109
r Studienabschluss, ⸚e 161
studieren 20, 23, 24
s Studium, -dien 34, 110, 111
e Stufe, -n 97
r Stuhl, ⸚e 32, 33, 34
e Stunde, -n 60, 61, 75
stundenlang 120
r Sturm, ⸚e 130
r Sturz, ⸚e 120
stürzen, ist gestürzt 156
stützen 89
e Suchanzeige, -n 145
e Suche 126
suchen 27, 28, 32
Südafrika 25
Südamerika 117
Süddeutschland 82
r Süden 130, 131
südwestlich 132
e Summe, -n 197
r Superlativ, -e 81
r Supermarkt, ⸚e 65
e Suppe, -n 82, 84, 85
surfen 18, 27, 45
surfen gehen 47
süß 79, 124, 145
s Süße 170
e Süßigkeit, -en 70, 71
s Symbol, -e 200
sympathisch 17, 34, 115
s System, -e 181
e Szene, -n 188, 190, 193
e Tabaksteuer, -n 163
e Tabelle, -n 93
s Tablett, -s/-e 120, 121
e Tablette, -n 143
e Tafel, -n 69, 78, 150
r Tag, -e 9, 17, 19
s Tagebuch, ⸚er 143

tagelang 120
e Tageszeitung, -en 117
täglich 40, 60, 61
s Tal, ⸚er 130
s Talent, -e 195
r Tango 88
r Tank, -s 126
e Tankstelle, -n 57, 117
r Tankwart, -e 117
e Tante, -n 92, 114
tanzen 38, 73, 88
e Tapete, -n 92
tapezieren 93
e Tasche, -n 13, 24, 48
s Taschentuch, ⸚er 29, 44
e Tasse, -n 60, 82, 84
e Tat, -en 197
e Tätigkeit, -en 161
tatsächlich 130
e Taube, -n 48, 90, 91
tauchen, ist getaucht 21, 27, 39
e Taucherbrille, -n 89
tauschen 96
Tausende 190
s Taxi, -s 8, 9, 12
r Taxifahrer, - 53, 128, 170
e Taxifahrt, -en 123
r Taxistand, ⸚e 55
technisch 161
e Technologie, -n 136
s Technologiezentrum, -zentren 137
r Teddy, -s 53
r Tee, -s 38, 49, 60
r Teil, -e 90, 144, 190
teil·nehmen, nimmt teil, nahm teil, hat teilgenommen 109, 113, 117
e Teilnehmerliste, -n 206
teilweise 161
Tel. → Telefon 27, 32, 37
s Telefon, -e 8, 9, 26
r Telefonanruf, -e 51
s Telefonbuch, ⸚er 28
telefonieren 18, 64, 67
telefonisch 132
e Telefonkarte, -n 29, 33
r Telefonkontakt, -e 162
e Telefonnummer, -n 26, 46, 47
e Telefonpsychologin, -nen 162
e Telefonzelle, -n 55
r Telegraf, -en 179
s Telegramm, -e 68

r Teller, - 49, 54, 82
s Temperament, -e 195
e Temperatur, -en 118, 132, 155
s Tempo 50
s Tennis 18, 27, 34
r Tennisplatz, ̈e 55
s Tennisspiel, -e 113
r Teppich, -e 35, 54
r Termin, -e 40, 41, 47
e Terrasse, -n 95
teuer 34, 73, 138
r Text, -e 10, 32, 37
Thailand 14
s Theater, - 62, 80, 190
Theaterleute (pl) 190
e Theaterprobe, -n 193
s Theaterstück, -e 81, 188, 192
s Thema, Themen 100, 137, 183
e Theorie, -n 176
s Thermometer, - 152
tief 21, 104
s Tief, -s 132
tiefblau 200
s Tier, -e 30, 31, 74
r Tierarzt, ̈e 181
tierfreundlich 182
s Tierheim, -e 145
tierisch 140
e Tiermedizin 181
r Tiername, -n 200
r Tiger, - 40
r Tisch, -e 30, 35, 48
e Tischdecke, -n 80
r Tischler, - 24
r Tischnachbar, -n 80, 81
s Tischtennis 45
r Titel, - 190
tja 146
toben 94
e Tochter, ̈ 12, 18, 26
r Tod, -e 50, 140, 141
e Toilette, -n 55, 63, 133
e Toilettenwand, ̈e 41
toll 17, 37, 74
e Tomate, -n 22
r Tomatensalat, -e 85
e Tomatensuppe, -n 173
s Tonbandgerät, -e 202
r Topf, ̈e 28, 32, 33
s Tor, -e 50, 74, 126
s Törtchen, - 160
e Torte, -n 76, 99, 121

total 120
töten 190
r Tourist, -en 9, 10, 13
e Touristin, -nen 9
e Tradition, -en 110, 111
e Trage, -n 50
tragen, trägt, trug, hat getragen 39, 41, 90
r Trainer, - 149
trainieren 20, 149, 150
r Trainingsplan, ̈e 151
e Träne, -n 40
transportieren 130
r Traubensaft, 84
e Trauer 140
r Traum, ̈e 63, 66, 67
träumen 11, 14, 63
e Traumstraße, -n 130
traurig 11, 13, 23
treffen, trifft, traf, hat getroffen 100, 120, 121
treiben, treibt, trieb, hat getrieben 130, 131, 135
trennen 162
e Treppe, -n 90
s Treppenhaus, ̈er 90, 91, 158
treten, tritt, trat, hat getreten 188
r Trick, -s 97
trinken, trinkt, trank, hat getrunken 20, 21, 30
s Trinkgeld, -er 113
trocken 19, 89, 94
trocknen 89, 94
tropfen 97
trotz 123
trotzdem 20, 70, 80
r Tscheche, -n 26
Tschechien 26
e Tschechin, -nen 26
tschechisch 26
tschö 133
tschüs 8, 9, 24
e Tube, -n 78
tun, tut, tat, hat getan 41, 50, 60
Tunesien 26
r Tunesier, - 26
e Tunesierin, -nen 26
tunesisch 26
e Tür, -en 50, 51, 59
r Türke, -n 202
Türkei 203
r Turm, ̈e 48

turnen 150
s Turnier, -e 118
r Türspalt, -e 90
e Tüte, -n 78, 79, 119
r Typ, -en 63, 103
typisch 129, 150
e U-Bahn, -en 102
üben 34, 35, 43
über 50, 51, 57
überall 90, 100, 120
e Überbevölkerung 140
r Überfall, ̈e 122
überfallen, überfällt, überfiel, hat überfallen 122
überhaupt 192
überhaupt nicht 115, 137
überhaupt nichts 177
r/e Überlebende, -n (ein Überlebender) 190
überlegen 80, 180
übermorgen 45
übernachten 155
übernehmen, übernimmt, übernahm, hat übernommen 110, 113
überraschen 155, 172, 197
überrascht 92, 150, 177
e Überraschung, -en 115, 121, 155
e Überraschungsparty, -s 175
übersetzen 187
e Übersetzung, -en 187
r Übersetzungscomputer, - 187
überweisen, überweist, überwies, hat überwiesen 162
überzeugt 147
e Überzeugung, -en 150, 152
üblich 100
übrig 182
übrigens 25, 95, 140
e Übung, -en 200
uf Wiederluege 133
s Ufer, - 114, 124
e Uhr, -en 32, 33, 34
e Uhr, -en, zehn Uhr 45, 46, 47
e Uhrzeit, -en 62, 102
um 45, 46, 47
Um wie viel Uhr? 61
um ... zu 89, 90, 91
r Umbau, -ten 182
um·bauen 140
um·drehen 170

um·fallen, fällt um, fiel um, ist umgefallen 90, 120
um·formen 155, 186
e Umfrage, -n 150
umgeben, umgibt, umgab, hat umgeben 130
umgekehrt 90
e Umleitung, -en 122
um·sehen, sieht um, sah um, hat umgesehen 178
umsonst 130
um·steigen, steigt um, stieg um, ist umgestiegen 57
r Umweg, -e 130
e Umwelt 161
umweltfreundlich 182
r Umweltminister, - 183
r Umweltschutz 161
um·werfen, wirft um, warf um, hat umgeworfen 188
um·ziehen, zieht um, zog um, ist umgezogen 198
r Umzug, ̈e 91
s Umzugsunternehmen, - 147
unbedingt 30, 100, 103
unbequem 100
und 8, 9, 10
unendlich 100
r Unfall, ̈e 12, 54, 120
e Unfallanzeige, -n 156
s Unfalldatum, -daten 157
r Unfallhergang 156
s Unfallopfer, - 50
r Unfallort, -e 50, 51
e Unfallursache, -n 156
e Unfallversicherung, -en 156
ungeduldig 171
ungefähr 57
ungewöhnlich 84, 106, 117
unglaublich 90
s Unglück, -e 120
unheimlich 63, 84
e Uni, -s 110
e Uniform, -en 50
e Union, -en 183
e Universität, -en 110, 112, 183
s Universum, -versen 100
unmöglich 120
unpraktisch 100
unruhig 90
uns 60, 70, 71
unser 18, 19, 70
unserer 110, 140, 145

A43

Seite 23 Mitte: M. Schindlbeck, Antenne Bayern © Werner Bönzli, Reichertshausen

Seite 30: Segelboot © Bavaria Yachtbau GmbH, Giebelstadt

Seite 53: VPI Verkehrsunfallaufnahme München (Auto am Baum); Gerhard Neumeier, Hallbergmoos (Reiter)

Seite 60: Wolfgang Korall, Berlin

Seite 63: Hartmut Aufderstraße

Seite 73: Katharina Biehler, Saarbrücken (Silvesterfeier)

Seite 86: Bauernfrühstück: Ketchum PR, München

Seite 92: Ferdinand Joesten, Ostrach

Seite 96: Mit freundlicher Genehmigung der Familie Wendtner in Loibichl

Seite 128: 1: Schwarzwald Tourismusverband, Freiburg (H.-W. Karger); 2: Bayerische Zugspitzbahn, Bergbahn AG, Garmisch-Partenkirchen; 3: Hartmut Aufderstraße; 4: Schloß Neuschwanstein © Bayerische Verwaltung der staatlichen Schlösser, Gärten und Seen, München; 5: Wien-Tourismus (Peter Koller); 6: Tourismus + Congress, Frankfurt (Keute); 8: Österreich-Werbung, Wien (Mallaun)

Seite 129: b): Thomas Hettland, Dresden; c): Deutsche Bahn AG/Mann; f): © by el paradiso (Bergrestaurant) St. Moritz/H-J. Zingg; h): Österreich-Werbung (Niederstrasser); i): Verkehrsverein Heidelberg; j): Kunstmuseum Düsseldorf im Ehrenhof; l): Ernst Luthmann, Ismaning

Seite 131: 1: Sandro Hügli, Meiringen; 2: Österreich-Werbung (Herzberger); 3: Gitta Gesing, Marl; 4 und 7: Nordseeheilbad Cuxhaven; 5: Medienzentrum Wuppertal; 6: Glocknergemeinde Heiligenblut; 8 und 9: (Schmale, Farkaschovsky) Juniors Bildarchiv, Ruhpolding

Seite 136: Technologiezentrum Konstanz; Hotel am Bodensee + Zitronenbaum © Thomas Bichler, Radolfzell; Appenzeller Schaukäserei, Stein; OLMA Messen St. Gallen

Seite 142: 3: Gerd Pfeiffer, München; 6: Anahid Bönzli, Tübingen

Seite 143: Werner Bönzli, Reichertshausen

Seite 153: Pressefoto Rauchensteiner, München

Seite 162: J. Marischka, Antenne Bayern © Werner Bönzli, Reichertshausen

Seite 163: IG Metall, Verwaltungsstelle Hannover

Seite 170: G. Hellmesberger: © Gerhard Trumler, Wien; alle anderen: AKG Berlin

Seite 171/180/181: AKG Berlin

Seite 182: Konrad-Adenauer-Stiftung Bonn (ACDP-Bilderdienst)

Seite 183: © NDR/ARD aktuell/Uwe Ernst

Seite 191: 1. Ausstellungs- und Messe GmbH des Börsenvereins des Deutschen Buchhandels, Frankfurt (Nurettin Cicek); 2. Bayreuther Festspiele GmbH (Jörg Schulze); 3. Österreich-Werbung, Wien (Markowitsch); 4. Tourismus Oberammergau; 5. Wien-Tourismus (Maxum); 6. Stadt Kassel, documenta Archiv

Seite 196/197: Hartmut Aufderstraße

Heribert Mühldorfer: Seite 12, 13, 20 (links unten), 26, 27 rechts, 30, 32, 33, 41, 42 (oben), 43 (2 x oben), 50, 52 (oben), 53, 63 (oben), 82 (1 + 3 + unten), 83, 93, 102, 103 (oben), 110, 112, 113, 122, 123, 129 (a, e, i, k), 132 (oben), 133, 140, 142 (1, 2, 5, 8, 9), 143 (unten), 152, 153 (oben), 160, 161, 162 (oben), 172, 173, 183 (unten), 192, 193, 201, 201, 203, 207.

Roland Koch: Seite 13 (oben), 20, 22, 23, 27, 30 (Mitte oben), 42, 43 (2 x unten), 52, 62, 72, 73, 82 (2+4), 92 (oben), 102 (oben), 103, 122 (unten), 129 (d, g), 132, 133 (Mitte), 142 (4, 7), 173 (oben), 192 (unten).

Karikaturen von Ralf Meyer-Ohlenhof: Seite 80, 100, 120, 150, 169.

Das Krokodil auf Seite 30 wurde uns freundlicherweise vom Institut für Zoologie in München zur Verfügung gestellt.

Das Foto „Fernsehdiskussion" auf Seite 112 wurde mit freundlicher Genehmigung in einem Studio von Pro7 in Unterföhring fotografiert. Ferner möchten wir uns bei den Mitwirkenden herzlich bedanken.

CD – Lektionen 11–20

Track Lektion   Übung

2	**Lektion 11**	Übung 9	
3		Übung 10	
4		Übung 11	
5		Übung 12	
6		Gespräch	
7	**Lektion 12**	Übung 10	
8		Übung 11	
9		Gespräch	
10	**Lektion 13**	Übung 8	
11		Übung 9	
12		Gespräch	
13	**Lektion 14**	Übung 10	
14		Übung 11	
15		Übung 12	
16		Gespräch	
17	**Lektion 15**	Übung 10	
18		Übung 11	
19		Übung 12	
20		Übung 13	
21		Gespräch	
22	**Lektion 16**	Übung 7	
23		Übung 8	Teil a
24			Teil b
25		Übung 9	
26		Gespräch	

27	**Lektion 17**	Übung 11	
28		Übung 12	
29		Übung 13	
30		Gespräch	
31	**Lektion 18**	Übung 8	
32		Übung 9	
33		Übung 10	
34		Übung 11	
35		Übung 12	
36		Übung 13	
37		Gespräch	
38	**Lektion 19**	Übung 12	
39		Übung 13	
40		Übung 14	
41		Gespräch	
42	**Lektion 20**	Übung 9	Teil a
43			Teil b
44		Übung 10	
45		Übung 11	